Cliffs
Bude Bay
Bude
Milton Damerel
Hatherleigh
Widemouth Bay
Cambeak Point
Crackrighton Haven
Clawton
Ashwater
Cornwall Coast Path
Tintagel Head
Tintagel
Boscastle
Launceston
Lewdown
Lifton
Lydford
Port Isaac Bay
ort Isaac
Altarnun
Pendoggett
Postbridge
Tavistock
Two Bridges
Morwellham
Bodmin
Liskeard
Yelverton
Lostwithiel
PLYMOUTH
Saltash
Plympton
St. Balzey
Austell
Looe
Fowey
Lansallos
Cornwall Coast Path
Mt. Edgcumbe
Carlyon Bay
Polperro
Whitsand B
St. Austell Bay
Black Head
Mevagissey
Mevagissey Bay
Chapel Point
Dodman Point
CORNWALL

Claus Beling Heidi Ulmke

Bezauberndes Cornwall

Eine Reise zu den Schauplätzen der Rosamunde Pilcher-Filme

vgs EGMONT

Bibliografische Information Der Deutschen Bibliothek
Die Deutsche Bibliothek verzeichnet diese Publikation in der Deutschen Nationalbibliografie; detaillierte bibliografische Daten sind im Internet über http://dnb.ddb.de abrufbar.

Die Romane von Rosamunde Pilcher sind im Rowohlt Verlag, Rowohlt Taschenbuch Verlag und bei Wunderlich erschienen.

Die Autoren Dr. Claus Beling und Heidi Ulmke sind die Gründer der ZDF-Pilcher-Reihe.
Dr. Claus Beling ist Hauptredaktionsleiter beim ZDF und für Programmerfolge wie *Das Traumschiff*, *girl friends* u. a. verantwortlich.
Heidi Ulmke, Leiterin Story & Development bei FFP Entertainment, ist Produzentin der Rosamunde-Pilcher-Verfilmungen und anderer großer TV-Produktionen.

Die Autoren danken Andreas Bradler, Frankfurt, für seine Mitarbeit.

1. aktualisierte Neuauflage 2005

Bildredaktion: Ina Schmidt
Umschlagfotos: Cornelis Gollhardt, Köln/Stephan Wieland, Düsseldorf
Produktion: Susanne Beeh
Printed in EU
ISBN 3-8025-3408-5
ab 01.01.2007:
ISBN 978-3-8025-3408-9

Besuchen Sie unsere Homepage:
www.vgs.de

INHALT

Willkommen im Land der Rosamunde Pilcher 8

1. Von Plymouth bis Polperro 14
2. Von Fowey bis Truro 28
3. Von Lizard bis St. Michael's Mount 44
4. Von Penzance bis Mousehole 58
5. Von Lamorna bis Land's End 70
6. Von St. Just bis Zennor 84
7. Von St. Ives bis St. Erth 98
8. Von Padstow ins Bodmin Moor 112
9. Von Tavistock ins Dartmoor 124

ANHANG

Allgemeine Reisetips und Wissenswertes 136

Tips und Adressen zu den Etappen 140

Filmographie 150

Register 156

Bildnachweis 158

VORBEMERKUNG

Mit diesem Reiseführer der besonderen Art möchten wir ein Land vorstellen, dessen Schönheit den vielen Freunden der inzwischen berühmten Rosamunde Pilcher-Verfilmungen bereits vertraut ist. Besonders ihnen soll damit Gelegenheit geboten werden, auf den Spuren der Filme durch Cornwall zu reisen und die Schauplätze, aber auch alle anderen sehenswerte Orte entlang der Küste kennenzulernen. Neben Beschreibungen der faszinierendsten Dörfer und Städte, der Küsten und Strände, Parks und Herrenhäuser enthält das Buch viele Tips für den Reisenden, wie Hinweise auf Übernachtungsmöglichkeiten, Restaurants, Pubs und Sehenswürdigkeiten. Zudem werden Wanderrouten von überschaubarer Länge vorgestellt, denn die cornische Landschaft lädt wie kaum eine andere dazu ein, sie auch zu Fuß zu erkunden.

Doch dieses Reisebuch bietet noch mehr. Es gewährt den Zuschauern der Pilcher-Filme zum erstenmal Einblicke in die Welt hinter den Kulissen, in den Alltag der Dreharbeiten, der Stars und Regisseure. Die meisten der hier genannten Filmschauplätze sind den Besuchern zugänglich und ermöglichen so das hautnahe Erlebnis von Drehort und Pilcher-Landschaft.

Dabei bereiten wunderschöne Fotos den Leser auf das vor, was ihn vom ersten Tag der Reise an in Cornwall erwartet – die unvergleichliche Stimmung einer großen Landschaft. Lassen Sie sich von dieser Stimmung verzaubern.

Claus Beling Heidi Ulmke

WILLKOMMEN IM LAND DER ROSAMUNDE PILCHER

Die Landschaften Cornwalls haben eine ganz besondere Wirkung auf ihre Besucher – sie sind ebenso einzigartig wie unvergeßlich. Wilde, zerklüftete Felsküsten, versteckte Strandbuchten, von Steinwällen begrenzte sattgrüne Wiesen und unendliche Hochmoore: Kaum jemand kann sich der Faszination, die von dieser Natur ausgeht, entziehen. Auch die kleinen malerischen Dörfer und größeren Küstenstädte wie Polperro, Penzance und St. Ives werden dem Reisenden gewiß immer in Erinnerung bleiben.

Ihre außergewöhnlichen Reize verdankt diese Grafschaft aber auch uralten Traditionen, der geheimnisumwitterten keltischen Vergangenheit und den abenteuerlichen Geschichten einstiger Seefahrer, Piraten und Schmuggler. Und nicht zuletzt – wie wäre Cornwall denkbar ohne das die Küsten umspülende Meer und sein wunderbar mildes Klima?

Geologisch gesehen ist der Gesteinskern Cornwalls Teil des Armorikanischen Gebirges, das sich von Südirland über die Bretagne bis ins Französische Zentralmassiv zieht. Fast überall im Südwesten Englands ist die reizvolle Verbindung von Fels und Wasser landschaftsprägend. Dank des warmen Golfstroms herrscht in dieser Region eine bemerkenswert hohe durchschnittliche Jahrestemperatur, wobei vor allem die Winter relativ mild sind. Zwar gehören bekanntlich Regenschauer ebenso zu England wie der Linksverkehr, doch ein kräftiger Wind sorgt immer wieder für schnelle Wetteränderung. Und ein strahlend blauer Himmel ist allen Vorurteilen zum Trotz keineswegs eine Seltenheit.

Wer nicht die friedvolle Stille der Wintermonate sucht, was ein besonderes Erlebnis sein kann, sollte ab Mai nach Cornwall fahren, wenn die Südküste geradezu mediterran anmutet und die Parks und Gärten in voller Blüte stehen. In der warmen Saison kann der Reisende ebenso von den vielfältigen touristischen Angeboten Gebrauch machen wie auch die Einsamkeit vieler bezaubernder Landstriche genießen.

Atemberaubende Steilküsten, einsame weiße Strände, versteckte Buchten, grüne Hügel, imposante Herrenhäuser und idyllische Gärten, in denen verträumte kleine Cottages stehen: Das ist die typische „Rosamunde Pilcher-Landschaft", in der das ZDF seit 1993 die Romane der Autorin verfilmt. Wer nicht schon zuvor den einmaligen Charme Cornwalls entdeckt hatte, der ist gewiß durch die Filme der Pilcher-Reihe zu einem begeisterten Liebhaber dieser Region geworden.

Allerdings war die Landschaft Südwestenglands auch vor den Büchern Rosamunde Pilchers keine „Terra incognita". Einiges kannte man bereits aus Agatha Christies literarischer Welt der *countryhouses*,

ländlichen Pfarrhäuser und blumenumrankten Dorfkaten, auch wenn die Königin des englischen Krimis dabei ihr heimisches Devon vor Augen hatte. Mitten hinein nach Cornwall führte dagegen Daphne du Maurier ihre weltweite Lesergemeinde mit so berühmten Werken wie *Rebecca* (1938) und der *Cornwall-Saga* (1967).

Wenn man so will, stellen Rosamunde Pilchers Bücher das Bindeglied zwischen Daphne du Mauriers Romanwelt und unserer Zeit dar. Die Schriftstellerin geht mit der Vergangenheit Cornwalls kenntnisreich und liebevoll um und verbindet die althergebrachten Traditionen mit der uns vertrauten Gegenwart. Daß die Menschen in ihren Geschichten fast immer ein inniges Verhältnis zur Landschaft haben, ist kein Zufall.

Rosamunde Pilcher, geboren und aufgewachsen in Cornwall und heute in Schottland lebend, ist ein „Naturmensch". Sie liebt Pflanzen ebenso wie Menschen und läßt dies in ihren Büchern spüren. Zu ihrer Wahlheimat Schottland hegt sie inzwischen eine große Liebe, aber ihr eigentliches Zuhause ist und bleibt Cornwall.

Wir haben Rosamunde Pilcher in beiden Landschaften erlebt. Zum erstenmal trafen wir uns im schottischen Dundee in ihrem weißen verwinkelten Landhaus, um über die Verfilmung von *Stürmische Begegnung* und die Auswahl weiterer Romane zu sprechen. Dort saßen wir an einem kühlen Nachmittag vor dem flackernden Kaminfeuer, und sie erzählte über ihre Anfänge als schreibende Hausfrau, ihre Bücher und über Schottland. Graham, ihr Mann, bereitete Tee für uns. „Schottland ist eigentlich ein Macho-Paradies", sagte sie lachend, mit einem Blick auf Graham. „Vielleicht müssen sich meine Heldinnen deshalb so oft durchsetzen."

Das zweite Mal begegneten wir uns in London, um gemeinsam in einer gemächlich fliegenden Propellermaschine nach Newquay und von dort nach Penzance zu reisen, wo die Dreharbeiten zum ersten Film stattfanden. Während des Fluges – wir bekamen Kekse mit *clotted cream* serviert – erzählte die Schriftstellerin mit noch größerer Lebhaftigkeit als sonst von ihrer Jugend in Cornwall. Beim Anflug auf Newquay war es so windig, daß unsere Maschine kräftig schaukelte, doch sie blickte nur immer wieder entzückt auf die Wiesen und Ginsterhecken hinab, und sobald das Flugzeug aufgesetzt hatte, sagte sie voller Stolz: „Willkommen in *meinem* Land!"

Inzwischen sind zahlreiche Pilcher-Filme ausgestrahlt worden, die ein Millionen-Publikum erobert haben. Die Rollen sind mit hochrangigen Schauspielern besetzt, und namhafte Regisseure und Kameramänner bieten ihr ganzes Können auf, um Cornwall von seinen schönsten Seiten zu zeigen. Die Dreharbeiten vor Ort hatten übrigens zur Folge, daß viele Schauspieler und Mitglieder des Drehteams heute selbst begeisterte Cornwall-Urlauber sind.

In diesem Buch werden wir auf unserer Reise entlang der cornischen Südküste über die Artus-Burg Tintagel und das Bodmin Moor bis zur Rückkehr an den Ausgangspunkt Plymouth viele Orte der Rosamunde Pilcher-Welt passieren. Einige, wie die Städte Penzance oder Truro, haben ihren Namen in den Romanen behalten und sind in vielen Passagen eindrucksvoll beschrieben. Andere wiederum hat die Autorin auf interessante Weise verschlüsselt. So gibt es beispielsweise in ganz Cornwall keine Küstenstadt namens Porthkerris, die Schauplatz vieler Pilcher-Romane ist. Wohl aber existiert nahe des Helford River der Ort Porthkerris Point.

In dem Roman *Heimkehr* heißt das weitläufige Anwesen der Familie Carey-Lewis „Nancherrow". Tatsächlich gibt es in der Nähe von St. Just den kleinen Ort Nancherrow, wenngleich der Landsitz im Roman in der lieblicheren Gegend um Lamorna angesiedelt ist. Mal heißt eine Bucht Penjizal statt Nanjizal, und an anderer Stelle kommt im Roman Rosemullion als spielerische Abwandlung des Ortes Mullion vor. Variationen dieser Art ließen sich noch viele anführen. Für Pilcher-Freunde dürfte es ein reizvolles Spiel sein, solche Verschlüsselungen mit Hilfe einer Landkarte Cornwalls zu entdecken.

All jene, die dem Zauber der Pilcher-Filme erlegen sind und auf ihrer Fahrt durch Cornwall deren schönste Schauplätze aufsuchen möchten, werden sicher nicht enttäuscht sein – so wenig, wie es Rosamunde Pilcher war, die umgekehrt in den Verfilmungen ihr Cornwall-Bild wiederfand. Dies bezeugt ein Brief der Autorin, den sie zur Eröffnung der Pilcher-Reihe mit dem Film *Stürmische Begegnung* im Jahr 1993 geschrieben hat. Die Zeilen dieses Briefes sind ein Kompliment, wie es schöner nicht sein könnte:

> Die erste Vorführung des Films *Stürmische Begegnung* erlebte ich in Glasgow, Schottland. Während draußen die nassen Straßen auf uns warteten, fühlte ich mich drinnen bereits bei den ersten Einstellungen von der atlantischen Steilküste und vom Meer in mein geliebtes Cornwall versetzt.
> Es war nicht schwer, sich in die Figur der Rebecca hineinzuversetzen, wie sie an der windigen Küste entlangwanderte. Ich dachte daran, wie ich selbst in ihrem Alter gewesen war, verloren und doch geborgen und stets beflügelt von der atemberaubenden Schönheit dieses Teils des Landes. Die eigentliche Handlung des Romans ist kaum verändert worden, und die gewählte Szenerie verstärkt noch die Atmosphäre.
> Ich glaube, die deutschen Fernsehzuschauer erwartet ein ganz besonderer Leckerbissen, und ich bin sicher, daß der Film ein ebenso großer Erfolg wird wie das Buch.
> Es ist keine einfache Aufgabe, die Stimmung eines fremden Landes einzufangen, erst recht nicht, wenn es sich dabei um einen so sagenumwobenen und traditionsreichen Landstrich wie Cornwall handelt, der sich in allem vom Rest der Insel unterscheidet. Vielleicht waren es ja gerade die alten Geister, die der Produktion ihren Zauber verliehen haben.
> In Cornwall weiß man eben nie …!
>
> Rosamunde Pilcher

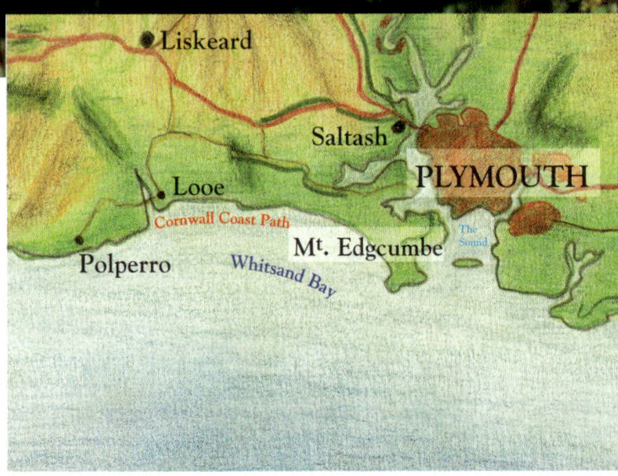

Einsame Strände und Fischerhäfen

VON PLYMOUTH BIS POLPERRO

Unsere Reise durch die Grafschaft Cornwall nimmt dort ihren Anfang, wo der Fluß Tamar eine deutlich sichtbare Grenze zum benachbarten Devon bildet: in **Plymouth**.

Wer mit dem Auto oder der Bahn unterwegs ist oder aber per Flugzeug von London kommt, dessen Weg wird ohnehin in den meisten Fällen über diese berühmte Hafenstadt führen, die in vielfacher Hinsicht ein bedeutendes Tor zur Welt war und ist.

Die Namensliste mit Helden der englischen Seefahrt, die von hier aus zu ihren Eroberungs- und Entdeckungsfahrten aufbrachen, ist lang und eindrucksvoll: Sir Francis Drake, James Cook, die Pilgrim Fathers mit ihrem Schiff *Mayflower*, Robert Scott und in jüngerer Zeit der Weltumsegler Sir Francis Chichester – Plymouth und die Meerenge Plymouth Sound standen immer im Zeichen des Aufbruchs, des Wagemuts und des Abenteuers. Daran erinnern heute die Denkmäler auf dem großen geschichtsträchtigen Platz am Hafen, *The Hoe*, allen voran das Armada-Denkmal und die Statue des Sir Francis Drake.

Auch wenn man ehrlicherweise sagen muß, daß der Reisende in der Großstadt Plymouth (250.000 Einwohner) nur relativ wenig von dem erwarteten Charme der berühmten südwestenglischen Landschaften finden wird, bietet sie doch die Möglichkeit, selbst ein kleines bißchen zum Eroberer zu werden, indem man eines der beiden Fährschiffe besteigt und in nur wenigen Minuten Fahrt nach Cornwall übersetzt.

Der übliche Weg führt zwar über die weiter nördlich gelegene große Brücke, die den Tamar überspannt, nach Saltash (A 38), doch Pilcher-Romantiker sollten die Fährlinie bevorzugen, die sozusagen den direkten Weg ins cornische Paradies bedeutet.

Die Autofähre legt von der Anlegestelle **Devonport** ab und setzt nach **Torpoint** über. Eine zweite Fähre (*Cremyll Ferry*), die nur für Fußgänger bestimmt ist, fährt vom Hafen **Stonehouse** nach **Mount Edgcumbe**. Wer diese benutzen möchte und vor der Abfahrt noch etwas Zeit hat, sollte einen Abstecher zum **Devil's Point** machen und sich dort den Leuchtturm und das alte Schwimmbad ansehen.

Wie immer die Anfahrt stattfindet – das erste Ziel auf cornischem Boden sollte jener Ort sein, an dem wir eines der eindrucksvollsten und prächtigsten Film-Motive der Rosamunde Pilcher-Reihe gefunden haben.

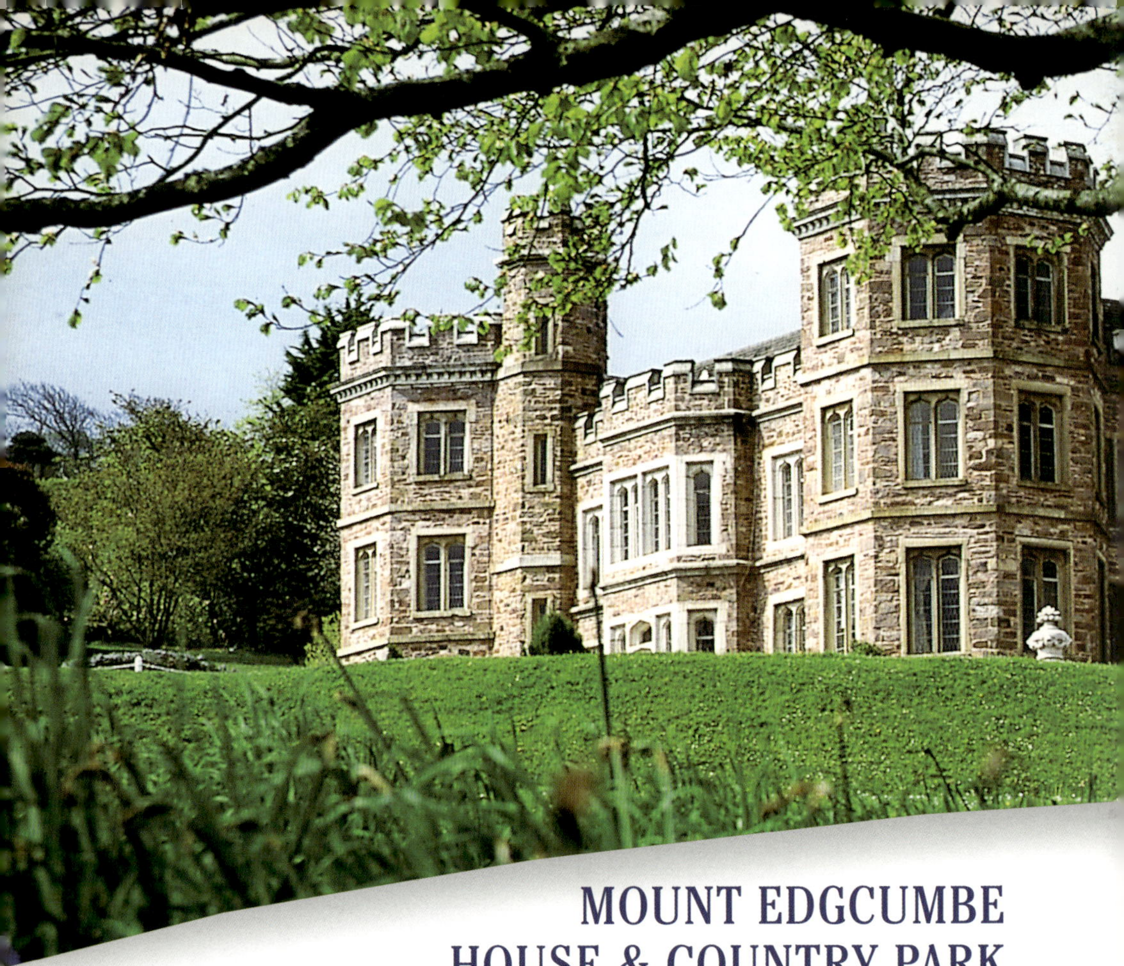

MOUNT EDGCUMBE HOUSE & COUNTRY PARK

Der alte herrschaftliche Landsitz *Mount Edgcumbe* gehört zu den schönsten in ganz England. Mitte des 16. Jahrhunderts im Tudor-Stil erbaut, erscheint uns das Herrenhaus mit den vier Seitentürmen geradezu als Symbol jener englischen Literatur, die seit den Brontë-Schwestern unser Bild vom englischen Landleben geprägt hat.

Nachdem das Haus im Zweiten Weltkrieg bombardiert worden war, steht es nach seiner Restaurierung nun wieder in altem Glanz da und gewährt Kontinentaleuropäern einen faszinierenden Einblick in die noble Welt des englischen Adels. Eine namhafte Gemäldesammlung, unter anderem mit Werken von Joshua Reynolds und William van der Velde, gehört ebenso dazu wie die Ausstattung der Räume im elisabethanischen Stil.

Eindrucksvoll umrahmt von mächtigen Bäumen, lenkt die riesige Rasenfläche das Auge des Besuchers direkt auf das Hauptgebäude. Umgeben von der üppigen und auch mit exotischen Gewächsen kultivierten Vegetation des *Country Park*, den der Earl of Mount Edgcumbe

Ende der fünfziger Jahre anlegte, fanden hier Teile der Dreharbeiten für den 1996 realisierten Film *Eine besondere Liebe* statt. Die große Gartenszene mit den Schauspielern Gaby Dohm und Friedrich von Thun, die auf dem grünen Rasen des Parks Tee trinken, wie auch die dramatischen Szenen mit Gaby Dohm und Christian Wolff sind sicher vielen Zuschauern unvergeßlich. Weitere Schauplätze waren die imposante Eingangshalle und andere Räume des Herrenhauses, in denen die Darsteller mit emotionaler Eindringlichkeit die Romanfiguren zum Leben erweckten.

Vor Drehbeginn mußte übrigens Regisseur Peter Deutsch eine ganz besondere Schwierigkeit überwinden, die sozusagen das kleine Geheimnis dieser Produktion darstellt. Die dem Film zugrundeliegende Pilcher-Erzählung „Miss Cameron" spielt nämlich eigentlich in Schottland. Da wir unsere Traumbesetzung Dohm/Wolff/von Thun aus Termingründen erst ab Mitte August zusammenbekamen und sich in Südwestengland ohnehin gerade ein großer Teil des Filmteams aufhielt, entschieden wir uns kurzerhand für Cornwall – und das, was im Film als schottische Küste ausgegeben wird, ist in Wirklichkeit eine cornische Landschaft ...

Die romantischen Szenen in *Eine besondere Liebe* vermitteln natürlich nur einen Teil der wundervollen Atmosphäre Mount Edgcumbes. Die vielfältig gestaltete Anlage mit Orangerie, dem *Earls Garden*, den *Formal Gardens* im englischen, französischen und italienischen Stil, dem Wildpark und zahlreichen Nebengebäuden macht diesen halb-

Gaby Dohm und Friedrich von Thun vor *Mount Edgcumbe* in dem Film *Eine besondere Liebe*

inselförmigen Landsitz zum idealen Ausgangspunkt unserer Reise und stimmt ein auf viele weitere prächtige Herrenhäuser, denen wir unterwegs noch begegnen werden.

Nahe des Parkeingangs, dort, wo die bereits erwähnte *Cremyll-Fähre* anlegt, stößt man auch zum erstenmal auf einen Wegweiser für den berühmten **Cornwall Coastal Path**. Dieser mehr als 400 Kilometer lange Wanderweg folgt der cornischen Küstenlinie von hier bis nach Morwenstow auf der Atlantikseite.

Wer über den Coastal Path geht, erlebt ein abwechslungsreiches Naturschauspiel: wild und aufregend, je mehr man sich Land's End nähert, wo am Wegesrand die schroffen Klippen gefährlich abfallen – dann wieder wunderbar eben und sanft, wenn der Pfad über blumenbesäte Wiesen und weiße Strände führt. Unterwegs passiert man kleine beschauliche Häfen und malerische Dörfer, deren schmale Gassen zum Durchstreifen einladen.

Den Coastal Path gibt es offiziell erst seit 1973. In Wirklichkeit ist er jedoch nichts anderes als die ganze Länge jener Pfade, die von der Küstenwache von alters her zur Kontrolle ihrer Streckenabschnitte benutzt wurden. Schmuggler, die es in Zusammenarbeit mit den Schiffskapitänen auf billige Waren oder Branntwein abgesehen hatten, gab es vor allem im 18. Jahrhundert in fast jedem Fischerdorf Cornwalls, wie die Schriftstellerin Daphne du Maurier in ihrer *Cornwall-Saga* berichtet:

„Die kleineren Häfen, die engeren Einfahrten, deren es rund um die Küste von Cornwall Legionen gibt, waren für diese Zwecke ideal geeignet, und wenn Wind und Gezeiten und Mond günstig standen, gab es ein Stelldichein des Schmuggelschiffs mit einem kleinen Fischerboot auf offener See, und die Ware wurde von dem einen auf das andere verladen."

Wandertip

Wer einen ersten Eindruck vom Coastal Path gewinnen möchte, sollte die dreistündige Rundwanderung (9,5 Kilometer) von **Cremyll** über die „Zwillingsdörfer" **Kingsand** und **Cawsand** unternehmen. In diesen beiden Fischerorten lag früher eine der größten Schmuggelflotten der Region vor Anker. Heute sind es vor allem Segeljachten, die in der Mündung des Tamar festgemacht haben.

In Kingsand gibt es genügend Pubs, die auf der Hälfte der Wegstrecke zur Einkehr locken. Vorbei an der *Maker Farm* und der *Maker Church*, den Resten einer traditionellen cornischen Kirche, gelangt man schließlich durch das Landesinnere wieder auf die andere Seite der Halbinsel und zum Ausgangspunkt Cremyll zurück.

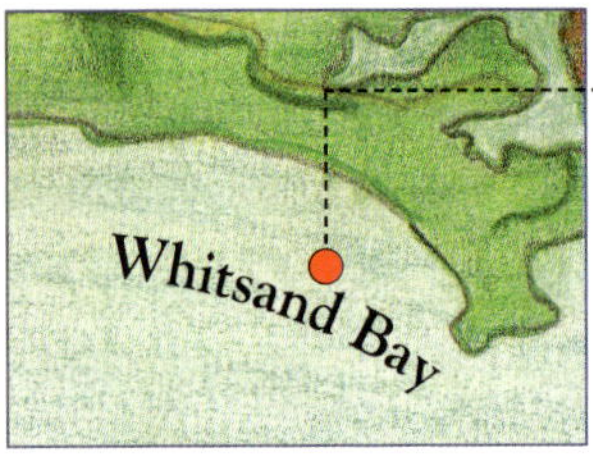

WHITSAND BAY

Zwischen der südlichen Landspitze **Rame Head** und dem kleinen Badeort **Portwrinkle** zeigt sich die Kanalküste bald von einer ganz anderen Seite. Ein kilometerlanger Sandstrand in der Whitsand Bay, darüber die Klippen und daran anschließende Wiesen und Felder verleihen diesem Küstenabschnitt einen unspektakulären, eher sanften Charakter. An manchen Stellen wachsen im Frühsommer an steilen Hängen Blumen und Ginster bis fast hinunter zum Meer, und es gibt viele idyllische Flecken, die zu einem kleinen Picknick am Strand einladen.

Hier wird jeder begeistert sein, der einsame Strandspaziergänge liebt. Dieser Teil der Küste, vor allem die Halbinsel Rame Head mit ihren 130 Meter hohen Klippen, galt lange Zeit als eine vergessene Landschaft, die im Schatten der weiter westlich gelegenen berühmten Orte Looe und Polperro lag. Vielleicht ist das der Grund dafür, daß er viel von seiner Ursprünglichkeit bewahrt hat.

Auch im Hinterland der Whitsand Bay ist für den Film *Eine besondere Liebe* gedreht worden. Bis hoch nach Tavistock zieht sich die lange Fährte der wunderschönen Film-Motive, von den spektakulären Reitszenen bis zur Bauernhaus-Idylle.

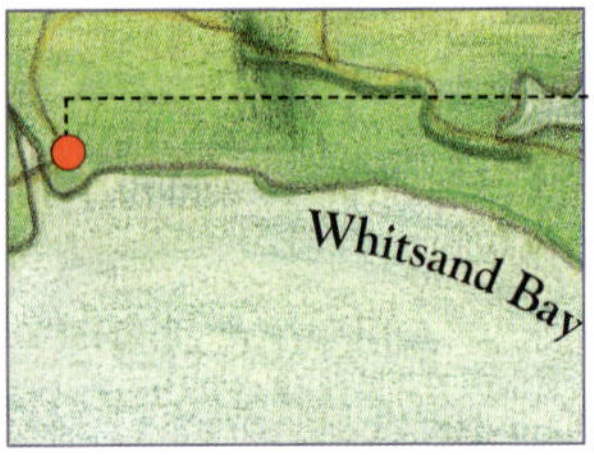

LOOE

Die nächste Station auf unserer Spurensuche ist der Bade- und Fischerort Looe, durch den Fluß gleichen Namens geteilt in East Looe und West Looe. Eine alte steinerne Brücke mit sieben Bögen verbindet die Ortshälften, die man in Cornwall auch gerne als „two for the price of one" bezeichnet.

Natürlich war Looe mit seiner rund tausendjährigen Vergangenheit zunächst ein reines Fischerdorf. Erst Mitte des 19. Jahrhunderts begann es mit dem Bau einer Eisenbahnlinie als ideales Ferienrevier zu boomen. Eine Reise nach Cornwall bedeutete zu jener Zeit für die östlich des Flusses Tamar lebenden Engländer geradezu ein kleines Abenteuer. Die Londoner Gesellschaft sprach darüber, als ginge es darum, weit weg

auf den Kontinent zu reisen. Der Ruf des rauhen, stolzen Herzogtums, der den eigenwilligen *cornishmen* und ihrem immer wieder tapfer verteidigten Land vorausging, war für die „anderen“ Briten aus dem fernen London zugleich verlockend und abschreckend.

Doch gerade Looe mit seinem pittoresken Stadtbild bot ideale Voraussetzungen für die Entwicklung des Tourismus. Vielleicht wirkte sich dabei auch positiv aus, daß man schon um 1800 am Strand eine „Bademaschine“ gebaut hatte, mit der die Damen züchtig zu Wasser gelassen werden konnten.

Bereits der erste Eindruck beim Erkunden des Ortes ist wahrhaft hinreißend. Mit Kopfstein gepflasterte Gassen, eng aneinandergeschmiegte Häuser und Blumen vor den Fenstern – vor allem bei Sonnenschein fühlt man sich hier in südliche Gefilde versetzt. Nicht zuletzt deswegen ist Looe im Sommer recht überlaufen. Da erwies es sich als kluge Entscheidung, das in East Looe gelegene Zentrum des Ortes für den Autoverkehr weitgehend zu sperren.

Der Hafen von Looe mit seinem *Banjo Pier* ist nicht nur eine Touristenattraktion, er war auch Schauplatz einiger Schlüsselszenen in der Rosamunde Pilcher-Verfilmung *Karussell des Lebens* (1994). Das bunte Treiben vor den auslaufenden Booten bot eine ideale Kulisse für die Lovestory um die junge Londonerin Prue (Barbara Wussow), die hier ihre große Liebe zu dem Maler Daniel (Jacques Breuer) entdeckt.

Wie zu erwarten, war es während der Dreharbeiten im Frühsommer und damit zu Beginn der Hochsaison nicht einfach, die Schar der neugierigen Touristen vom Drehteam und den Schauspielern fernzuhalten. Christiane Hörbiger, Barbara Wussow und Jacques Breuer, alle selbst fasziniert von Looe, erfüllten die Figuren des gleichnamigen Pilcher-Romans aus der Welt der cornischen Künstler mit Leben. Und Regisseur Rolf von Sydow fand am Hafen jenes Motiv, das die Autorin in ihrem Roman so beschreibt:

„Wir gingen wieder hinaus in die Sonne, überquerten das Kopfsteinpflaster und gingen die steinernen Stufen hoch, die oben trocken und an der Seite mit grünen Algen bedeckt waren. Das Wasser lief ab und hate eine schmale Sichel sauberen gelben Sandes freigegeben. In der Mitte ragten ein paar windgeschützte Felsen auf, in vielen Jahrhunderten von der See glattgeschliffen, und wir setzten uns mit dem Gesicht zur Sonne darauf. Schreiende Möwen segelten durch die windige Luft, ein Stück weiter arbeiteten einige Männer friedlich an einem Boot ...“

Auch manch einer der Schauspieler ließ es sich in dieser Urlaubsatmosphäre nach Drehschluß nicht nehmen, den großen Strand von Looe aufzusuchen oder am Banjo Pier an Bord eines Ausflugsbootes zu gehen, um zum Beispiel die vorgelagerte Insel **St. George** zu umrun-

den. Die Insel befindet sich in Privatbesitz, einzige Bewohnerin ist eine alte Dame. Hier haben zahlreiche Seevögel ihre Nistplätze, darunter auch eine große Kolonie Kormorane. Wer ein Boot erwischt, das am Ufer der Insel anlegt, bekommt vielleicht sogar die Chance, eine der dort verborgenen alten Schmugglerhöhlen zu entdecken.

Wenn frühmorgens, nach einsetzender Flut, die Fischerboote aufs Meer hinausfahren, sind auch viele Sportfischer an Bord. Selbst Haie lassen sich dort draußen fangen. Den schönsten Blick aufs Meer bieten die Hotels und Restaurants oberhalb der Klippen von West Looe. Wer noch weitere Eindrücke von der atemberaubenden Umgebung gewinnen möchte, sollte sich wieder zu Fuß auf den Weg machen.

Wandertip

Die Wanderung führt an der herrlichen **Talland Bay** vorbei und dauert etwa dreieinhalb Stunden (11 Kilometer).

Der Fußweg beginnt nahe des nördlichen Parkplatzes in West Looe und führt zu **Giants Hedge**, einer Hügelkette, die der Sage nach vom Teufel geschaffen wurde, als ihm einmal langweilig war. Tatsächlich dürfte es sich dabei eher um einen alten Verteidigungswall handeln. Bald darauf entdecken wir dann **Watergate**, eine Gruppe romantischer kleiner Häuser.

Über **Kilminorth Farm** und **Tencreek** (hier kann man im *Tencreek Cottage Tea-Garden* eine Pause einlegen) geht es dann Richtung Süden nach **Talland**. Den Turm der Dorfkirche sieht man schon von weitem. Von hier führt der Weg zum **Talland Beach** hinunter. Dort lädt ein Café zur Einkehr ein, falls man nicht im benachbarten **Porthallow** den Pub aufsuchen möchte.

Der schönste Teil der Wanderung folgt nun von der Talland Bay zurück nach Looe, am Meer entlang auf dem Coastal Path. Auch hier nisten Kormorane, kann man versteckte Strände entdecken und den weiten Blick auf die Felsen von St. George's Island genießen.

Wer die lange Wegstrecke scheut, kann sich auch auf den Coastal Path zwischen Looe und Talland Bay beschränken. Demjenigen, der wiederum die Küstenwanderung um ein weiteres Erlebnis bereichern möchte, empfehlen wir, direkt von Looe über Talland Bay nach **Polperro** zu gehen, ein Coastal-Path-Spaziergang von 6 Kilometer Länge, der reichlich belohnt wird, sobald Polperro in Sicht kommt.

POLPERRO

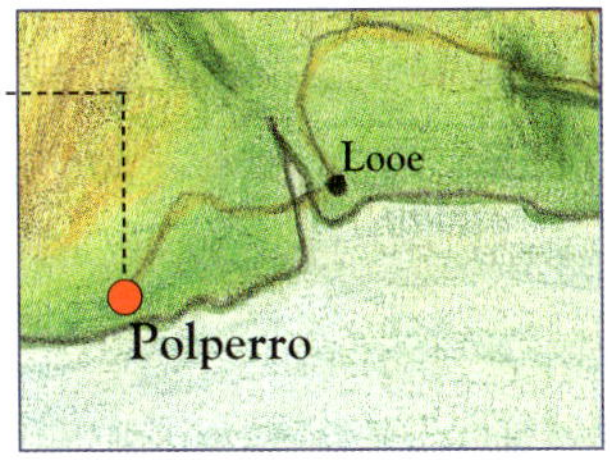

Mit Polperro erreichen wir nicht nur einen weiteren geschichtsträchtigen Höhepunkt unserer Reise, sondern auch das vermutlich meistfotografierte Bilderbuchdorf Englands. Der malerische Hafen mit seinen bunten Fischerbooten und einer auffallend schmalen Einfahrt ist eine Wohltat für das Auge. Dahinter erheben sich die Häuser des für den Autoverkehr gesperrten Fischerortes auf einem grünen Hügel, der die Bucht bildet. Diese ist so eng, daß die alten Baumeister zur Aufbietung all ihres Einfallsreichtums gezwungen waren.

Schmale Gassen, verwinkelte Ecken, Fischerboote vor urigen Pubs, jahrhundertealtes Straßenpflaster – Polperro, diese zauberhafte Idylle, scheint das nahe gelegene Looe noch übertrumpfen zu wollen. Und wie fast überall in Cornwall hat auch dieser Ort eine lange und interessante Geschichte.

Neben dem florierenden Tabak- und Brandyschmuggel, bei dem nicht selten Piraten ihre Finger im Spiel hatten, diente den Fischern Polperros als weitere Einnahmequelle der Sardinenfang. Bevor hier – aus gutem Grund – die erste Zollstation errichtet wurde, stellte der kleine Hafen ein ideales Schlupfloch für Schmuggler dar, die auf der Flucht vor ihren Verfolgern waren.

Schon in den zwanziger Jahren genoß Polperro den Ruf eines zum Leben erweckten Postkartenmotivs und war dementsprechend ein beliebter Ausflugs- und Ferienort. Hier hatte übrigens während des Zweiten Weltkriegs der Maler Oskar Kokoschka sein Exil gefunden, einer von vielen Künstlern, die das besondere Licht Cornwalls geschätzt haben. Ein Gemälde Kokoschkas, das Polperro zeigt, hängt in der Londoner Tate Gallery.

Doch kehren wir zurück zum Hafen. Auch er diente als Kulisse für den Film *Karussell des Lebens*. Neben einer Szene im Café wurde hier auch das Hafen-Ambiente zwischen Fischernetzen und Touristenrummel in „pilcheresken" Bildern festgehalten.

Zum Abschied sollte man noch einmal zur *St. John's Church* hinaufklettern und einen letzten Blick über die Bucht genießen.

Viele Gärten und eine Hauptstadt

VON FOWEY BIS TRURO

Die Grafschaft Cornwall ist nicht nur in den Werken Rosamunde Pilchers Schauplatz für Liebes- und Familiengeschichten. Auch eine andere Schriftstellerin fühlte sich dieser unverwechselbaren Landschaft sehr verbunden: Daphne du Maurier. Die große englische Erzählerin, 1907 in London geboren und als hochangesehene „Dame of the British Empire“ 1989 gestorben, hat an der cornischen Südküste Spuren hinterlassen, die nach wie vor Touristen aus der ganzen Welt anziehen.

Der Küstenort, der eng mit ihrem Namen verbunden ist, heißt **Fowey** – ähnlich pittoresk wie Looe oder Polperro und doch wieder ganz anders. Die „Schönste der cornischen Riviera“ genannt, macht Fowey selbst bei grauem Himmel diesem Namen alle Ehre. Jeder sollte einmal die hübsche Altstadt durchstreifen, deren schmale Gassen von kleinen Läden und Pubs gesäumt sind. Von der berühmtesten Gaststätte, dem am Town Quay gelegenen *King of Prussia*, wird später noch zu reden sein.

Der Hafen bietet nicht nur das typische Bild der bunten Fischerboote und Segeljachten: Weil der Fluß Fowey an dieser Stelle selbst großen Schiffen genügend Tiefgang ermöglicht, wird von hier aus auch das in der Nähe von St. Austell gewonnene Kaolin (Porzellanerde) verschifft.

Am gegenüberliegenden Flußufer liegen die Häuser von **Bodinnick**. Und hier am Fähranlegeplatz beginnt die glanzvolle Verbindung zwischen Fowey und Daphne du Maurier.

Die Schriftstellerin hatte sich im Sommer 1930 mit ihrer Mutter und den Schwestern auf die Suche nach einem Feriendomizil begeben und schließlich auf dem Gelände des Fährhauses Quartier bezogen. Es war ein Haus „gebaut wie ein Schweizer Chalet“, in dessen oberstem Stockwerk eine Wohnung leerstand. Sie kaufte das Haus und begann ihre Karriere als vielgelesene Schriftstellerin.

In der *Cornwall-Saga* erzählt du Maurier über diesen Ort: „In der Luft schwebte ein Geruch von Teer und Tauen und verrosteten Ketten, ein Geruch von Flut. Unten, vor dem Hafen, um die Spitze, war das offene Meer. Hier war die Freiheit, die ich lang ersehnt, lang gesucht und noch nicht gekannt hatte. Die Freiheit, zu schreiben, spazierenzugehen, zu wandern, die Freiheit, Hügel zu erklimmen, ein Boot zu rudern, allein zu sein. Es konnte kein bloßer Zufall sein, was uns zu der Fähre, an den Fuß des Hügels von Bodinnick gebracht hatte ...“

Noch im selben Jahr entdeckte Daphne du Maurier auf einem Spaziergang etwa fünf Kilometer westlich von Fowey ein Anwesen, das sie vollständig in seinen Bann zog. Es war das im 16. Jahrhundert erbaute Herrenhaus *Menabilly*, zweigeschossig und in einem prachtvollen Park gelegen. Zwei Jahre später hatte das Schicksal eine freundliche Überraschung für sie bereit. Sie lernte Sir Frederick Browning kennen, heiratete ihn und wurde selbst Herrin auf *Menabilly*, nachdem Sir Frederick den Besitz erworben hatte.

Wer es nicht schon zuvor wußte, wird als Besucher des Städtchens Fowey auf Schritt und Tritt darauf aufmerksam gemacht, daß *Menabilly* das Vorbild für das Haus „Manderley“ in dem 1938 erschienenen Roman *Rebecca* ist. Und in diesem Zusammenhang wären wir auch wieder beim alten Pub *King of Prussia*, benannt nach dem berüchtigten Schmuggler Harry Carter.

Carter, bekannt für seine abenteuerlichen Erlebnisse und Geschichten, hatte sich schon als Kind den Beinamen „King of Prussia" bei seinem Vorbild Friedrich dem Großen entliehen. Er und sein Bruder müssen arge Raufbolde gewesen sein, wenn man alles Bekannte über sie zusammenträgt. Sie waren wie viele andere Einwohner Foweys auch Seeräuber und Wrackplünderer und wußten, wie sie mit ihrem 160-Tonnen-Kutter und 19 Kanonen den Hafen verteidigen konnten. Die Figur des Harry Carter und seine Lieblingsbucht, die **Mount's Bay**, haben in Daphne du Mauriers Roman *Jamaica Inn* (1936) Eingang gefunden.

Für Literaturfreunde werden in Fowey interessante Touren auf den Spuren der beliebten Schriftstellerin angeboten. Dazu gehören die Schauplätze aus den Romanen *Rebecca*, *Ein Tropfen Zeit*, *Die Bucht des Franzosen* in dem Ort Helston und *Jamaica Inn*.

Nördlich von Fowey stoßen wir auch wieder auf ein Pilcher-Filmmotiv. Etwa auf halbem Weg von Fowey nach Lagreath liegt ganz versteckt in einem traumhaften Garten ein blumenberanktes Cottage, das sich in Privatbesitz befindet. Hier wurden die Künstlerhaus-Szenen für den Film *Karussell des Lebens* gefilmt. Besucher empfängt man dort aus verständlichen Gründen leider nicht, aber das Bild idyllischer Einsamkeit, im Film in schwelgenden Farben festgehalten, wird man in Cornwall noch öfters antreffen.

Nordwestlich von Fowey liegt *Castle Dore*, die Burg, in der angeblich König Marke von Cornwall, der Oheim Tristans, residiert hat.

ST. AUSTELL

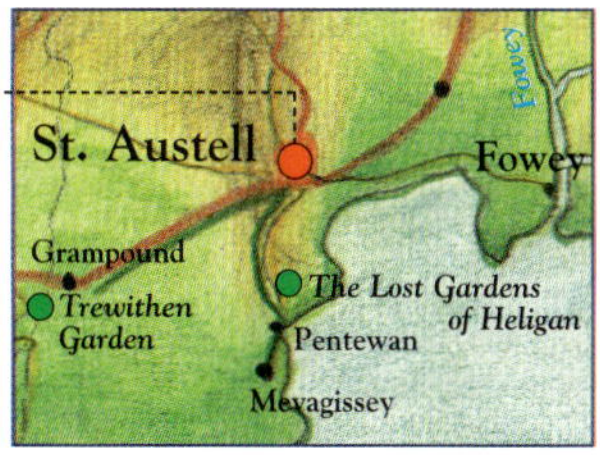

Ein Abstecher nach St. Austell scheint auf den ersten Blick für denjenigen, der die landschaftlichen Schönheiten Cornwalls genießen möchte, kein attraktiver Tip zu sein. Die durch Industrie geprägte große Stadt wirkt merkwürdig zerrissen. Gleichwohl lohnt sich ein Besuch des Hafenviertels Charlestown und des *Wheal Martin China Clay Museum*, in dem der Abbau des für St. Austell so wichtigen Kaolin erklärt wird.

Wer noch mehr über die Schriftstellerin Daphne du Maurier erfahren möchte, über ihre Werke und die daraus entstandenen Hitchcock-Filme, sollte sich das „Daphne du Maurier Festival of Arts & Literature"

Links: Die Küste in der Nähe des Herrenhauses *Menabilly*, in dem die Schriftstellerin Daphne du Maurier lebte

vormerken, das alljährlich Mitte Mai in St. Austell stattfindet.

Von St. Austell aus erreicht man auch zwei Gartenanlagen, die weit über die Grenzen Cornwalls hinaus als etwas ganz Besonderes gelten.

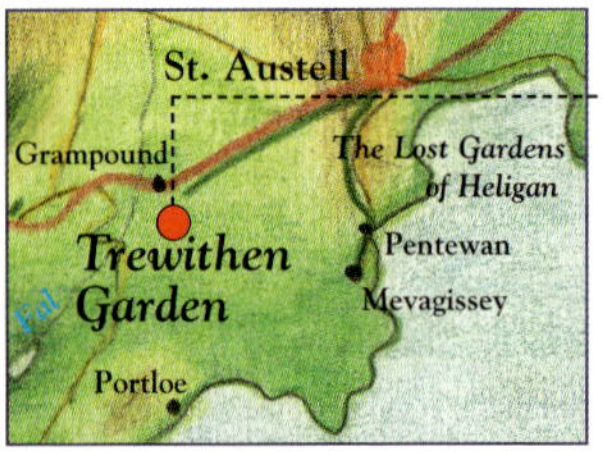

TREWITHEN GARDEN

Trewithen, an der A 390 auf halbem Weg nach Truro gelegen, ist ein zwölf Hektar großer Garten, in dem man von März bis September den Artenreichtum der cornischen Flora bewundern kann. Umschlossen von einem im 18. Jahrhundert gestalteten Landschaftspark, wird dieser Garten das Herz eines jeden Rhododendron-Freundes höher schlagen lassen. Dank des ausgesprochen milden Klimas im Südwesten Englands offenbaren die riesigen Büsche eine außergewöhnliche Blütenpracht. Die Luft ist erfüllt vom Duft zahlreicher Blumenarten, deren Farben eine Wohltat fürs Auge sind.

Sehenswert ist auch das Herrenhaus, dem man sich von der nicht so eindrucksvollen Nordseite her nähert, während der schönere Teil, flankiert von Magnolienbäumen und Rhododendren, auf der Südseite liegt. Die Ursprünge des Hauses gehen auf das 17. Jahrhundert zurück, und wie viele Landhäuser in Cornwall befindet sich auch dieses nach wie vor in Familienbesitz.

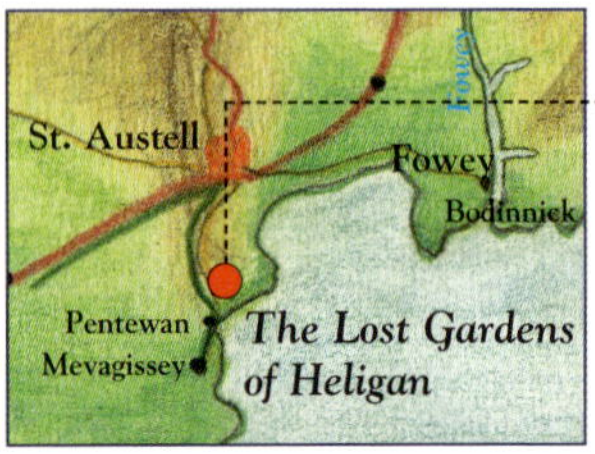

THE LOST GARDENS OF HELIGAN

Wer *Trewithen* gesehen und die wundervolle Ruhe der Parklandschaft als wohltuend empfunden hat, der sollte auch *The Lost Gardens of Heligan* einen Besuch abstatten, die südlich von St. Austell in Pentewan liegen.
Siebzig Jahre lang war diese einmalige Gartenanlage vergessen, verwildert und von Lorbeerbäumen, Kletterpflanzen und wucherndem Gestrüpp überwachsen. Erst 1992 wurden die Gärten nach aufwendiger Instandsetzung wieder für die Öffentlichkeit zugänglich gemacht; seitdem tragen sie auch ihren geheimnisvoll klingenden Namen.

Die cornischen Gärten und Parks bieten ein einmaliges Naturerlebnis

Der Nordteil des Gartens ist von Fußwegen mit einer Gesamtlänge von rund vier Kilometern durchzogen, die den Besucher durch ein abwechslungsreiches Gelände führen, so zum Beispiel vorbei an der Kristall-Grotte und durch den Italienischen Garten.

Unverkennbar hat man bei der Begrünung dieser Anlage das ungewöhnlich milde Klima Cornwalls genutzt. Zahlreiche exotische Pflanzen haben hier ihren Platz gefunden. So findet man im südlichen Teil *The Jungle* und das *Lost Valley*, wo nahezu alle subtropischen Gewächse gedeihen, die einst von Weltreisenden nach England mitgebracht wurden. Orchideen, Bambus, Ananas und vor allem Palmen inmitten zahlreicher einheimischer Riesenbäume (auch der Rhododendron wächst hier baumhoch!) lassen leicht vergessen, daß nur einige Meilen weiter die hohen Wellen des Atlantik gegen die Klippen schlagen.

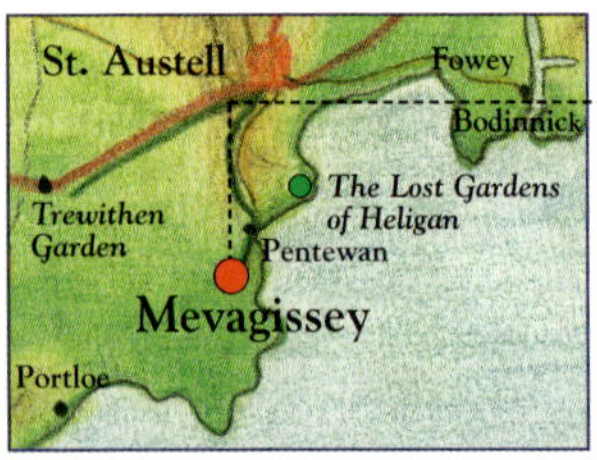

MEVAGISSEY

Bereits von den *Lost Gardens* aus eröffnet sich der Blick auf die Bucht von Mevagissey. Dieser Ort gehört zu jenen Fischerdörfern, die wie eine hübsche Perlenschnur die südliche Küste säumen. Die bunt zusammengewürfelten Häuser, der Postkartenhafen und die weite Bucht, die einst Zentrum des Sardinenfangs war, ergeben gemeinsam das Bild eines mediterran anmutenden Idylls.

Bei einem Bummel durch die schmalen Gassen fühlt man sich des öfteren in vergangene Zeiten zurückversetzt, als die *pilchards*, die Sardinen, von Bord der Schiffe auf die Kais geworfen wurden, wo die Frauen sie salzten und in Transportkörbe verluden. Maulesel schleppten dann diese Körbe durch die holprigen Straßen Mevagisseys. Das aus den Sardinen gewonnene Öl nutzte man übrigens auch als Lampenöl.

Berühmt war Mevagissey seit jeher für seine Bootswerften, die sogenannten *sailing luggers*. Noch immer existieren zahlreiche kleine Betriebe, die inzwischen auch schnelle Jachten anfertigen.

Wie in vielen anderen Orten dieser Gegend kann man auch hier mit einem berühmten Literaten aufwarten. G. B. Shaw schrieb hier in den Sommermonaten der Jahre 1906 und 1907 an seinem Stück *Der Arzt am Scheideweg*, dessen kämpferischer Grundton im Klima der rauhen cornischen Mentalität vielleicht besonders gut gedeihen konnte.

FALMOUTH

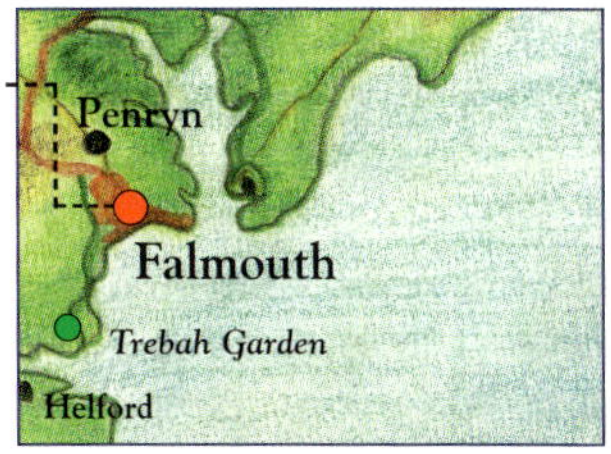

Mit der Gegend um Falmouth erreichen wir wieder eine ganz besondere Pilcher-Film-Landschaft. Hier wurde 1995 *Wolken am Horizont* gedreht, in dem unter anderem Klausjürgen Wussow, Marijam Agischewa und Klaus Wildbolz mitspielen.

Küste und Hinterland sind hier flacher und weisen noch nicht die Schroffheit auf, die uns im Verlauf der Reise weiter westlich erwartet. Diese Region erwies sich als ideal für die Verfilmung des gleichnamigen Romans, der die Geschichte einer starken, bodenständigen Familie erzählt. Zu den Schauplätzen gehören Park und Garten des fiktiven Herrenhauses „Tremenheere", die Salons, Wiesen vor den Cottages und die sanft ansteigende Küste, die einen unverwechselbaren Zauber besitzt.

Falmouth hat einen Naturhafen, der sich wie ein Fjord in das Land hinein erstreckt. Als sei die Stadt mit ihren Werften und Docks noch nicht genug mit Wasser gesegnet, speisen auch noch sieben Flüsse den Fjord. Kein Wunder, daß schon Heinrich VIII. diesen günstigen Landeplatz schützen ließ, indem er rechts und links der Buchteinfahrt zwei Burgen errichten ließ, *Pendennis Castle* und *St. Mawes Castle*, die wie gewaltige Wächter auf das Treiben an der Küste hinunterschauen.

In militärstrategischer und logistischer Hinsicht war Falmouth für Britannien lange von großer Bedeutung. Über zweihundert Jahre versorgten sich Segler des Reiches hier mit Proviant und schlugen Handelsschiffe ihre Waren um. Außerdem hatten vierzig stolze Brigantinen des Post-Paketdienstes bis zu den Napoleonischen Kriegen in Falmouth ihren Heimathafen. Heute ist der Ort vor allem für seinen riesigen Sporthafen bekannt.

In den Straßen der Stadt gibt es eine Menge zu entdecken, natürlich viel Historisches, wie überall in England, wo man mit der großen Vergangenheit lebt. Außerdem bietet sich ein Streifzug durch die kleinen Läden an. Wer sich für Schiffe begeistert, kommt in Falmouth ganz besonders auf seine Kosten. Zahlreiche Regatten, zum Beispiel die „Cutty Sark Tall Ships Races", und viele andere maritime Ereignisse halten die Seefahrtstradition dieser Stadt in Erinnerung. Und wer einfach nur von der großen Fahrt übers Meer träumen möchte, kann die vielen schicken Jachten bewundern, die alljährlich im Sommer Falmouth anlaufen.

Das *St. Mawes Castle* an der Bucht von Falmouth

Wandertip

Um eine Vorstellung von der Vielfalt des Hinterlandes mit seinen sieben Flüssen zu gewinnen, sollte man sich wieder einmal auf eine kleine Wanderung begeben.

Von **Falmouth** aus folgt man zunächst mit dem Auto der Landstraße nach **Penryn**, um dort nach rechts zu dem Dörfchen **Mylor Bridge** abzubiegen. Der dreistündige Fußweg (8 Kilometer) beginnt am Parkplatz von Mylor Bridge. Hinter der Post folgt man dem Schild nach **Restronguet**. Der Weg führt nun immer an der hinreißenden Flußlandschaft des Mylor Creek entlang, eindrucksvolle Häuser und Boote bestimmen das Bild.

Am **Greatwood Quay** wechselt der Weg die Richtung. Nun laufen wir wieder nach Norden, stets am Flußufer entlang. Einkehren kann man bei **Restronguet Passage** im berühmten strohgedeckten *Pandora Inn*, einem traditionsreichen Pub, der in einem Farmhaus aus dem 13. Jahrhundert untergebracht ist.

Dem Restronguet Creek folgend, geht es dann wieder über **Halwyn** zurück nach **Mylor Bridge**.

TRELISSICK GARDEN

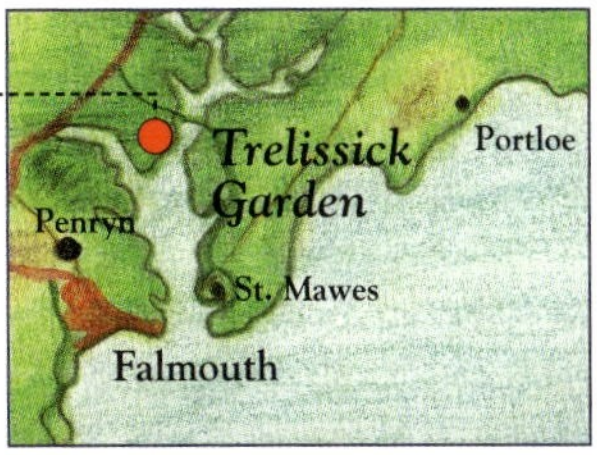

Am Ende des Fjords von Falmouth, an der Mündung des Flusses Fal, hat man von *Trelissick Garden* einen herrlichen Blick über die Falmouth-Bucht. Die dem National Trust unterstellte Parkanlage scheint mit *Trewithen* und den anderen großen Gärten um die reichste und ausgefallenste Vegetation zu wetteifern.

Tatsächlich gedeihen hier in einer schier unglaublichen Üppigkeit exotische Pflanzen neben fast allen einheimischen Gewächsen. Doch das Besondere an *Trelissick* ist seine Lage am Fluß Fal. Dort legt auch die *King Harry Ferry* an. Das elegante Haus aus dem 19. Jahrhundert ist leider für das Publikum nicht zugänglich.

Außerhalb des Parks, an der Straße nach Carnon Downs, steht eine kleine Rarität – ein 1710 errichtetes Versammlungshaus der Quäker, einer in England entstandenen Glaubensgemeinschaft, deren Anhänger sich später vor allem in Amerika niederließen.

Immer wieder haben wir bei der Ausschau nach Traummotiven für unsere Fernsehfilme Häuser und Gärten entdeckt, die eine Idealkulisse gewesen wären, aber weder uns noch anderen Besuchern offenstanden. Doch zumeist wurde die erste Enttäuschung dadurch wettgemacht, daß wir auf der weiteren Suche noch aufregendere Entdeckungen machten. In einem Radius von nur wenigen Meilen um *Trelissick* herum fanden wir die meisten der Schauplätze, die der Film *Wolken am Horizont* zu seiner Verwirklichung benötigte. So zum Beispiel in der Gegend um **Stithians** den verwunschenen Landsitz „Tremenheere" und auch das bezaubernde Cottage, in dem die eifersüchtige Sylvia (Lisa Kreuzer) ihre Intrigen spinnt, um die Ehe von Alec (Klaus Wildbolz) und Laura (Marijam Agischewa) zu zerstören. Am Hafen von Falmouth baute Regisseur Rolf von Sydow ebenfalls seine Kameras auf.

Von Sydow, der als Altmeister unter den deutschen Regisseuren gelten darf, hat bei den weitaus meisten Pilcher-Filmen Regie geführt. Von der Autorin überaus geschätzt, verbindet ihn mit ihr übrigens indirekt ein Band, das nur durch Zufall zutage kam: Er hat zahlreiche Kriminalromane von Francis Durbridge verfilmt, dessen Sohn Steven wiederum der Literaturagent Rosamunde Pilchers ist.

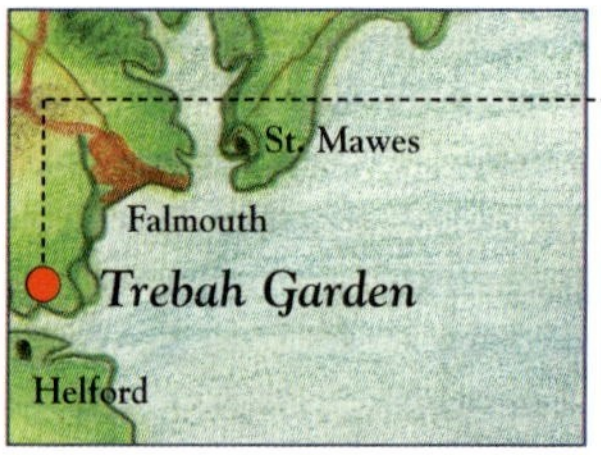

TREBAH GARDEN

Diese an einen Dschungel erinnernde Anlage nennt sich selbst „Der verzauberte Garten", und wer einmal den Weg vom oberen Teil dieses paradiesischen Tals bis hinunter zum Privatstrand am Helford River gegangen ist, wird ihn nie wieder vergessen. *Trebah Garden* ist ein Symphoniekonzert für die Augen. In opulenter Fülle bilden hundert Jahre alte Rhododendren, hohe Palmen und Schlingpflanzen ein scheinbar undurchdringliches Grün. Dazu verstärken Wasserfälle die Illusion, daß man sich inmitten eines Urwaldes befindet. Auch das weiße Haus aus dem 18. Jahrhundert, das an den Kolonialstil erinnert und von einem weitflächigen Blütenmeer umgeben ist, fügt sich perfekt in diese Szenerie.

Am Strand kann man wunderbar baden oder die Boote auf dem Helford River betrachten. Der besondere Charme dieses Flusses entfaltet sich bei schönem Wetter vor allem am Spätnachmittag, wenn die Segler in die Bucht zurückkehren.

Trebah Garden wurde 1830 von Charles Fox, einem reichen Reeder aus Falmouth, angelegt, der zusammen mit seinem Bruder Alfred exotische Pflanzen aus der ganzen Welt zusammengetragen hatte. Später erlitt der Garten dasselbe Schicksal wie viele andere berühmte Anlagen in England: Verkäufe und Erbstreitigkeiten ließen das Interesse an der Pflege und Instandhaltung oft ermüden, bis dann mit einer neuen Generation endlich wieder ein gartenbegeistertes Familienmitglied in Erscheinung trat. So war es auch im Falle des *Trebah Garden*, der erst seit 1987 wieder geöffnet ist.

Reizvoll ist auch eine Bootsfahrt in die Nebenarme und Buchten des Helston River hinein. Boote können an verschiedenen Plätzen gemietet werden. Ruhige kleine Buchten – zum Beispiel die durch Daphne du Maurier bekannt gewordene **Frenchman's Creek** – laden zur Erkundung ein.

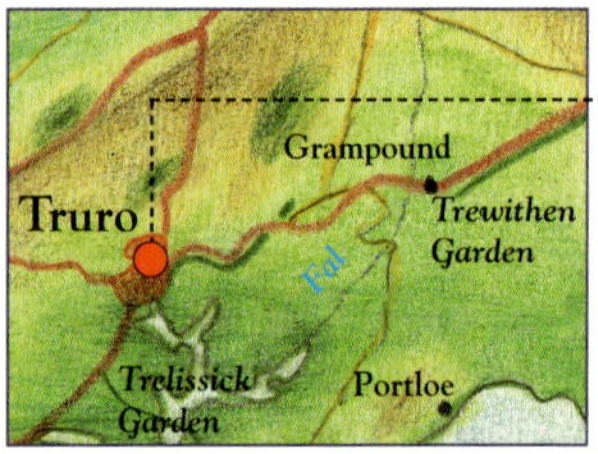

TRURO

Wo eine Kathedrale so erhaben, aber durchaus freundlich mit spitzen Türmen und in hellem Granit den Ort überblickt, muß die Hauptstadt einer Grafschaft sein. Truro ist mit rund 16.000 Einwohnern der Verwaltungssitz Cornwalls, und auch der Bischof residiert hier. Überall – sowohl in den historischen wie den modernen Straßen – ist eine florierende Geschäftigkeit spürbar. Früher nannte man Truro auch „London des Westens". Banken und große Geschäftshäuser ließen sich hier nieder, und alle Verkehrswege konzentrierten sich in Truro, nachdem 1859 auch die Eisenbahnlinie fertiggestellt war und dem Ort 1877 die Stadtrechte verliehen wurden. Die Kathedrale im Stil der englischen Frühgotik wurde erst 1910 fertiggestellt – Cornwall war offenbar nicht ohne Ehrgeiz, auch in dieser Hinsicht ein Zeichen seiner Unabhängigkeit von London zu setzen.

Besichtigen sollte man in Truro auf jeden Fall die Lemon und die Boscawen Street mit ihren vielen vornehmen georgianischen Häusern. In einem dieser eleganten Stadthäuser wurden für den Film *Wolken am Horizont* Szenen mit der Figur Alec (Klaus Wildbolz) gedreht. Es gehört zu den feineren Adressen des Ortes und läßt einen gewissen Wohlstand nicht verkennen.

Eines der sehenswerten modernen Gebäude Truros ist der *Court of Justice*. Bei der Einweihung des Gerichtsgebäudes fand Prinz Charles, der sich „Herzog von Cornwall" nennen darf, lobende Worte für die architektonisch ungewöhnliche Gestaltung.

Daß der Prinz of Wales an Truro so interessiert ist, hat neben seiner Begeisterung für moderne Architektur freilich noch einen anderen Grund: Weite Teile Cornwalls befinden sich in seinem persönlichen Besitz. Seit Edward III. (1312–1377) ist der älteste Sohn der englischen Monarchen auch „Duke of Cornwall" und damit Herr über gewaltige Ländereien, darunter 128.000 acres Land (450 km^2), 200 Farmen, die verpachtet sind, 160 Meilen Küste, die Scilly-Inseln, Mühlen, ganze Dörfer und unendliche Wälder. Der inzwischen 24. Herzog von Cornwall weiß sicherlich nicht allein wegen seiner bekannten Verbundenheit zum Landleben die Vorzüge dieses Herzogtums zu schätzen: Charles, der als einziges Mitglied der königlichen Familie keine Apanage erhält, bezieht aus Cornwall Einkünfte in Höhe von mehreren Millionen Mark.

Wer mehr über die frühzeitliche Geschichte Cornwalls erfahren möchte, sollte in Truro das *County Museum & Art Gallery* besuchen, in dem neben Bildern cornischer Künstler eine interessante und ungewöhnliche Mineraliensammlung zu sehen ist.

Auch eine Autofahrt in die umliegenden Dörfer kann reizvoll sein – ohne festgelegte Route, nur dem eigenen Empfinden für die Besonderheiten der Landschaft folgend. Die Krönung dieses Ausflugs könnte ein typisch englisches Picknick sein, wie es auch in den Pilcher-Filmen oft romantisch zelebriert wird. Eine Decke, Fisch, Pastry, Brot und die berühmte cornische *clotted cream*, dazu ein Glas Wein – schöner kann ein Tag in Cornwall, am Ufer eines einsamen Flusses unter Bäumen sitzend, kaum sein.

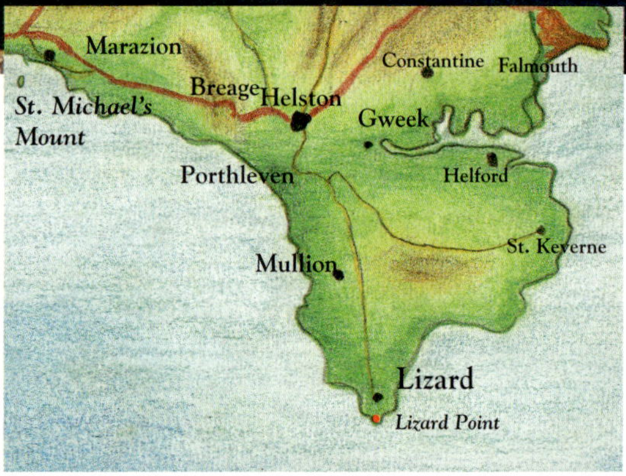

Naturschönheiten und ein Herrenhaus

VON LIZARD BIS
ST. MICHAEL'S MOUNT

Um die Halbinsel **Lizard** zu erkunden, sollte man sich ruhig etwas mehr Zeit nehmen. Rund 18 Kilometer ist die Lizard Peninsula lang, und an der Spitze liegt mit dem Ort Lizard der südlichste Punkt Englands. Eine Reise durch Cornwall wäre nicht vollständig, ohne wenigstens einmal an der Landspitze **Lizard Point** gestanden und die würzige Luft des Meeres eingeatmet zu haben. Wer unberührte Natur und Ruhe schätzt, wird diese Gegend der weiter westlich gelegenen Touristenattraktion Land's End sicher vorziehen.

Der 19 Meter hohe weiße Leuchtturm wirft seine Lichtkegel unglaubliche fünfzig Kilometer über das Meer und ist damit in gewisser Weise auch ein Symbol für Cornwalls besondere Lage am äußersten Zipfel Großbritanniens, so wie die britische Literatur besonders stolz vermerkt, daß Lizard die einzige britische Festlandgemeinde südlich des 50. Breitengrades ist.

Bemerkenswert ist auch die am Ostrand des Ortes Lizard gelegene *Church of St. Winwalloe*, die aus dem 14. Jahrhundert stammt. In ihr wurde 1678 die letzte Predigt in cornischer Sprache gehalten.

Der Blick von den hohen Klippen hinunter auf die weißen Wellenkämme, die aufbrandend gegen die Felsen peitschen – auch das ist ein Bild, das sich aus vielen Pilcher-Filmen eingeprägt hat. Hier und an der Westküste der Halbinsel wurden viele entscheidende Szenen gedreht, in denen Wind und Brandung symbolhaft den Widerstreit der Gefühle zweier Liebenden begleiten.

Daß ein Drehteam beim Filmen solcher Bilder des öfteren einiges riskiert, ahnt kaum jemand – und doch kommt es vor. Am Lizard Point konnte nur in letzter Sekunde ein Unglück verhindert werden.

Der Film *Karussell des Lebens* beginnt mit einer Szene, in der scheuende Kutschenpferde durchgehen und Phoebe (Christiane Hörbiger) in Gefahr gerät. Damit der Kameramann und die Schauspieler ungestört arbeiten konnten, hielten zwei junge Männer die angespannten Pferde fest, während das Umkippen der Kutsche separat gedreht wurde.

Dann geschah es. Aufgeschreckt durch ein lautes Geräusch, begannen die Pferde unruhig zu steigen und gingen Sekunden später tatsächlich durch. Die Männer waren aus Angst zur Seite gesprungen und versuchten nun, die in Panik geratenen Tiere wieder einzufangen. Diese konnten jedoch erst nach Stunden gefaßt und beruhigt werden.

Entsprechend groß war auch die Unruhe am Set. Die Dreharbeiten

Die Kynance Cove am Lizard

Szene aus dem Film *Karussell des Lebens* am Lizard Point (mit Chrstiane Hörbiger)

wurden abgebrochen und mußten an einem anderen Tag, nun unter noch größeren Sicherheitsvorkehrungen, wiederholt werden.

Mit etwas Glück kann man vom Lizard aus im aufgewühlten Meer den Kopf eines Seehundes entdecken. Wer vergeblich Ausschau hält, kann auf der Rückfahrt in **Gweek** (östlich von Helston) das Robbenreservat *Cornish Seal Sanctuary* besichtigen, in dem Jungtiere aufgezogen werden.

Wandertip

Ein Spaziergang um die Landspitze des Lizard dauert etwa zwei Stunden (6 Kilometer) und ist vor allem im Frühjahr und Sommer ein unvergeßliches Erlebnis, wenn die Wiesen blumenübersät sind. Das Wandern auf dem Coastal Path ist sehr angenehm, obgleich es immer wieder Wegstellen gibt, die sehr dicht an die Klippen heranführen und an denen man etwas vorsichtiger sein sollte.

Vom Ort **Lizard** aus folgen wir westlich dem Schild Richtung **Caerthillian Cove** (Cove=Bucht). An der Bucht geht es dann nach links zum **Lizard Point**, vorbei am „Most Southerly House in Britain".

So umrundet man mit traumhaften Ausblicken die Landspitze, während der Weg von **Bass Point** über **Hot Point** zur **Cilcobben Cove** führt. Dort geht man die Treppen an der *Lifeboat Station* hinunter und läuft ein Stück an der Küste weiter, um schließlich an den berühmten schönen Cottages von **Church Cove** vorbei landeinwärts nach **Lizard** zurückzukehren.

Während des Hochsommers bietet sich nach der Wanderung nur wenige Kilometer weiter an der Ostseite der Halbinsel nahe des Ortes **Kuggar** eine erstklassige Badegelegenheit. **Kennack Sands** heißt der Strand, der zur Erholung einlädt und von dem aus man noch einmal die zurückgelegte Küstenstrecke in ihrer rauhen Schönheit aufragen sieht.

MULLION

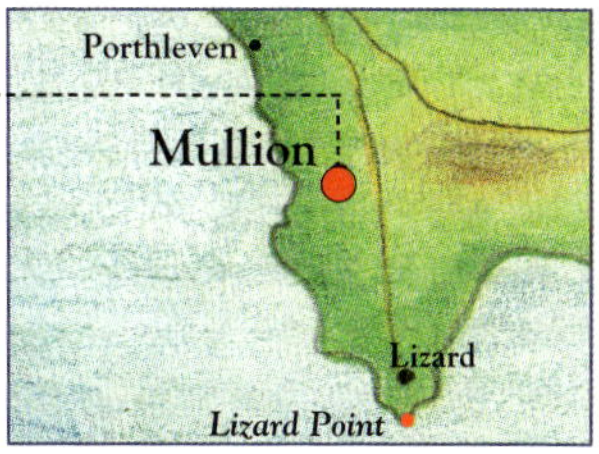

Nicht weit vom Lizard Point entfernt liegen an der Westseite der Ort Mullion und **Mullion Cove**. Mullion ist die größte Gemeinde auf der Halbinsel und dementsprechend kleinstädtisch organisiert. Vor allem Farmen und Weiden mit grasenden Kühen und Schafen prägen die Umgebung, aber natürlich auch der Tourismus. Strände gibt es hier vom Feinsten. Als besonderer Tip sei **Poldhu Cove** genannt, im Spätsommer von der sogenannten „Cornischen Heide" blühend eingerahmt und mit herrlichem weißem Sand gesegnet. Ein wunderbarer Spaziergang führt von hier über den ebenfalls sehr schönen Strand bei Polurrian Cove zur Mullion Cove. Und schon stößt man auf ein weiteres eindrucksvolles Pilcher-Filmmotiv.

Lichterspiele heißt der Roman, dessen Schlüsselszene in dieser Bucht gedreht wurde – und natürlich geht es dabei wieder einmal um die Liebe.

Emma Litton (Anja Kling), die Tochter eines berühmten Malers, und Robert Murrow (Rainer Grenkowitz) suchen in einer alten Fischerkate Schutz vor einem Unwetter. Die Szenerie an der Küste, die Bootsfahrt, die Gefahr plötzlich umschlagenden Wetters am Lizard – all das haben die Filmbilder realistisch eingefangen, und kaum ein anderer Ort

als die Mullion Cove mit der kleinen vorgelagerten Insel **Mullion Island** wäre dafür so geeignet gewesen.

Auch für den Film *Wind der Hoffnung* wurde hier gedreht, und einmal mehr mußte das Team erfahren, daß es an Cornwalls Küsten aller Filmtechnik zum Trotz etwas gibt, dem selbst der fähigste Produktionsleiter machtlos gegenübersteht: den Rhythmus von Ebbe und Flut. Die Gezeiten bestimmen das Leben in den Küstenorten, sie dirigieren die Touristenströme bei ihren Ausflügen, und natürlich werden sie auch bei jedem Drehplan für eine Pilcher-Verfilmung berücksichtigt. Daß es trotzdem zu einer Panne kam, lag schlicht und einfach an einem Lampenausfall.

Im Bootshaus der Mullion Cove sollte mit den beiden jungen Schauspielern Lara Körner und Frank Jordan eine Liebesszene gedreht werden. Weil eine jener extrem starken Lampen ihren Geist aufgab, kam es jedoch zu erheblichen Zeitverzögerungen. Viel später als disponiert stand schließlich das gesamte Team um das Bootshaus herum und mußte nun mit ansehen, wie die Flut einsetzte und immer näher rückte. Die Szene mußte aber unbedingt an diesem Tag abgedreht werden, sollte nicht der ganze Drehplan im wahrsten Sinne des Wortes ins Wasser fallen. Und das Wasser stieg unaufhörlich weiter. Also wurde in aller Eile ein Podest gezimmert, auf dem sich die beiden Darsteller ihr „Liebesnest“ einrichten konnten. Nun endlich konnten die Aufnahmen beginnen!

Der Anblick dieser Szenerie war natürlich bei weitem nicht so romantisch wie die fertige Filmszene. Zwei Liebende, die sich auf einem wackeligen, unbequemen Holzgerüst zärtliche Worte ins Ohr flüstern – umringt von einem Team, das bis zu den Knien im Wasser steht …

HELSTON

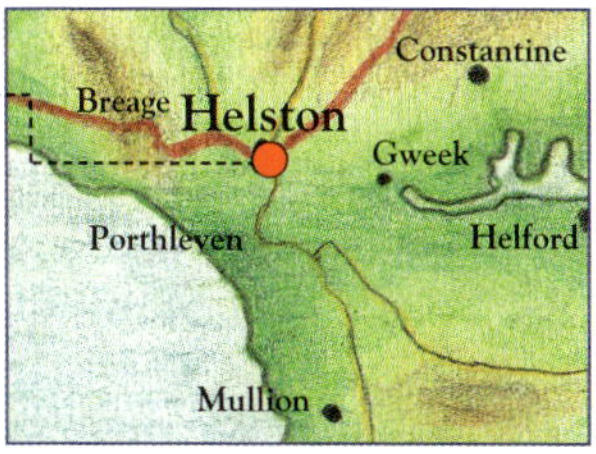

Von Mullion aus gelangt der Reisende in Richtung Norden nach Helston. Ein kurzer Rundgang durch den gut 10.000 Einwohner zählenden Ort zeigt einmal mehr, wie das Leben in Cornwall aussieht, wenn eine Gemeinde nicht unmittelbar zur „ersten Reihe“ an der Küste gehört. Man vermißt hier ein wenig die lebendige Atmosphäre, die in den am Meer gelegenen Städtchen herrscht. Allerdings sind es bis zum hübschen Hafen von **Porthleven** auch nur wenige Kilometer.

Südöstlich des Städtchens liegt der größte Süßwassersee Cornwalls. Helston war bis ins 13. Jahrhundert mit dem Meer verbunden. Durch Sandablagerungen entstand jedoch eine Barriere, hinter der sich im Laufe der Jahrhunderte der Loe Pool bildete. Für einen Spaziergang an diesem See empfiehlt sich das *Penrose Estate* als Ausgangspunkt. Vegetationsreich und ausgesprochen verwunschen, bietet der Loe Pool eine Abwechslung zum gewohnten Blick über die Klippen des Südwestens.

Reisende, die Anfang Mai in Cornwall unterwegs sind, sollten sich den 8. Mai vormerken. An diesem Tag wird in Helston der „Flora Day“ gefeiert, ein großes Straßenfest zur Begrüßung des Frühlings. Menschen in historischen Kleidern tanzen mit hopsenden Schritten durch die Straßen, und die ganze Stadt, die Geschäfte, Pubs und Restaurants sind geradezu im Blumen-Fieber. Dieser Brauch, der mittlerweile auch zahlreiche Touristen anzieht, reicht bis ins 17. Jahrhundert zurück.

Frühling hat auf der Lizard-Halbinsel ohnehin eine ganz andere Bedeutung als bei uns. Der vorbeiziehende Golfstrom meint es gut mit Südwestengland, so daß manchmal schon Anfang des Jahres die ersten

Osterglocken aus dem Boden sprießen. Die feuchten Salzwassermarschen haben bei relativ angenehmen winterlichen Temperaturen ganz besondere Pflanzen hervorgebracht. Vielerorts sieht man auf den Klippen Tamarisken wachsen, die sonst eher im Mittelmeerraum heimisch sind.

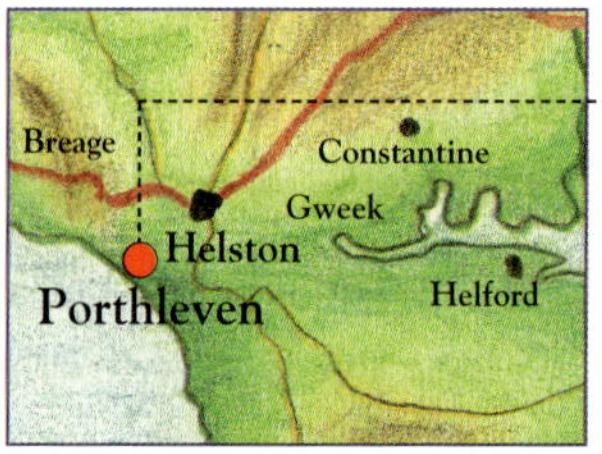

PORTHLEVEN

Das gewohnte Küstenbild bietet dann wieder Porthleven. Der südlichste Hafenort Englands liegt an einer endlos weiten Bucht, die von den Porthleven Sands gesäumt wird. Wer gerne am Strand entlangläuft, wird hier ein kleines Paradies entdecken. Immer wieder finden sich einsame Flecken, wo man abgeschieden von jedem Rummel die Seele baumeln lassen kann.

Über dem Hafen reihen sich kleine Läden, Cottages und viktorianische Häuser aneinander. Die interessante Mischung verschiedener Architekturstile, die man an vielen Orten Cornwalls vorfindet, bietet einen besonders lebendigen Anblick.

Auch in der Umgebung von Porthleven und Helston fanden die Kameraleute der Pilcher-Reihe typische Motive. Mehrere Szenen auf verträumten Landstraßen wurden hier unter anderem für den Film *Sommer am Meer* gedreht.

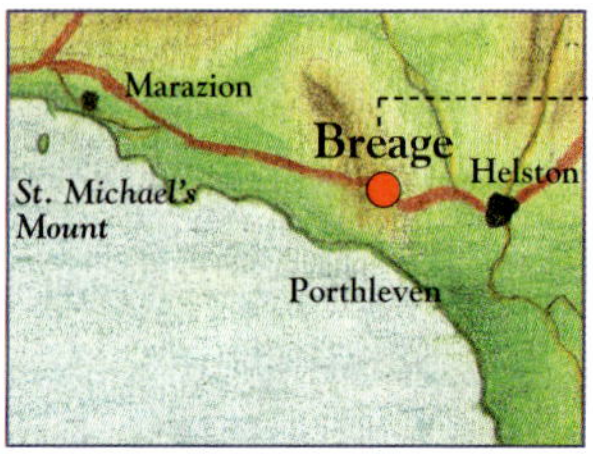

GODOLPHIN HOUSE

Etwa acht Kilometer westlich von Helston, an der A 394, liegt das Dorf **Breage**, zu dem der altehrwürdige Landsitz *Godolphin House* gehört. Eigentlich handelt es sich bei diesem Anwesen um ein Gut, da früher Teile des Besitzes als Farm genutzt wurden.

Pilcher-Freunde erleben schon beim ersten Anblick ein Wiedersehen mit einem der wohl schönsten und interessantesten Herrenhaus-Motive. *Godolphin House* ist in der Verfilmung des Romans *Sommer am Meer* (1995) der Landsitz „Kirkton" des kalten und egoistischen Sir Anthony Keile (Burkhard Heyl), den Virginia (Kerstin Draeger) nach dem unglücklichen Verlauf ihrer Liebe zu dem jungen Farmer Eustace (Heikko Deutschmann) voreilig geheiratet hat. Im Garten und im Hof spielen sich die dramatischen Auseinandersetzungen der Familie Keile ab, und hier erfährt Virginia auch vom tödlichen Unfall ihres Mannes während eines Ausflugs mit seiner Geliebten. Wer als Besucher durch die Räume wandert, erkennt vielleicht auch jenen Saal wieder, in dem das große Bankett der adligen Freunde Sir Keiles stattfindet.

Schauplatz in dem Film *Sommer am Meer*: das *Godolphin House* bei Helston

Godolphin House ist ein gelungenes Beispiel dafür, wie durch die Initiative eines Eigentümers ein altes Herrenhaus und mit ihm seine lange Geschichte wieder zu leben beginnt. Die heutige Herrin des Landsitzes ist Mrs. Schofield, deren Ehemann das heruntergewirtschaftete Gebäude 1937 erworben hat. Erbaut wurde es Ende des 17. Jahrhunderts von der Familie Godolphin, die durch ihre Minen zu Wohlstand gekommen war. Später gelangte einer der Godolphins als Schatzmeister an den königlichen Hof. Er gewann an politischem Einfluß, wodurch über einen Reigen bedeutsamer Eheschließungen *Godolphin House* schließlich den Herzögen von Leeds anheimfiel, die ihren Besitz aber nie bewohnten.

Es lohnt sich, das Haus zu besuchen. Auffallend sind die Kolonnaden und die Türme, die zusammen mit der übrigen Architektur interessante Schwerpunkte setzen. Der große Vorplatz mit einem Rasen-Rondell wirkt großzügig und einladend, während die langgestreckte Fassade einen eher abweisenden Charakter hat. Doch spätestens der Blick in den Innenhof, an der Rückseite hinter einer Mauer versteckt, läßt den Charme des Hauses erspüren. Hohe Hecken und Bäume umgeben das gesamte Areal einschließlich der Wirtschaftsgebäude und betten es so in die Landschaft ein.

Wandertip

Diesmal führt der Weg von **Perranuthnoe** um die **Prussia Cove** herum wieder zurück zum Ausgangspunkt (7 Kilometer). Mit diesem Ort verbindet sich auch eine amüsante Geschichte, die sich während der Dreharbeiten zu *Wolken am Horizont* zugetragen hat, doch dazu später.

Perranuthnoe liegt kurz vor **Marazion** an der A 394. Die kleine Gemeinde lebt hauptsächlich von der Landwirtschaft, Touristen verirren sich nur selten hierher.

In der Nähe der Post befindet sich ein Parkplatz. Von hier aus geht man zunächst zur *Trebarvah Farm*, überquert den Hof und hält sich dann rechts, um zur *Trevean Farm* zu gelangen. Das nächste Ziel ist *Acton Castle*. Über **Trenalls House** führt schließlich ein Pfad hinunter zu der hübschen **Bessy's Cove**.

Von dort wandert man am Küstensaum über einen wunderschönen Weg zurück nach **Perranuthnoe**. Unterwegs, bei der **Prussia Cove**, begegnet einem übrigens auch wieder der Name des berühmten Schmugglers Harry Carter, der unterhalb der Klippen sein Lieblingsversteck hatte.

Wieder in Perranuthnoe angekommen, sollte man sich noch die kleine Kirche anschauen. Mit ihr verbindet sich die oben erwähnte amüsante Geschichte. Umgeben von Steinmauern und Rasen, strahlt der Bau von außen Einfachheit und Ruhe aus. Das Innere mit den weißen Säulen und Verzierungen wirkt dagegen schon etwas pompöser. Einmal erstrahlte die Kirche sogar in ganz besonderem Festglanz, als hier für den Film *Wolken am Horizont* die prachtvolle und anrührende Schlußszene gedreht wurde, in der das junge Paar Ivan (Manou Lubowski) und Gabriel (Dorothea Schenck) vor den Traualtar tritt ...

Während des Drehs ereignete sich ein höchst ungewöhnlicher Zwischenfall. Die Kamera lief bereits, und Klausjürgen Wussow als Film-Vater des Bräutigams saß, völlig auf seine Rolle konzentriert, in der Bank. Nun sprach der Pfarrer die berühmten Worte des Hochzeitsrituals: „Gibt es unter den Anwesenden einen, der gegen dieses vor Gott zu schließende Bündnis einen Einwand vorzubringen hat, der spreche jetzt oder schweige für immer!" Da ertönte aus dem Hintergrund eine laute donnernde Stimme: „Ja! Ich muß unterbrechen!"

Erschrocken fuhr Wussow herum. Die Kamera lief weiter. In den Kirchenbänken herrschte erwartungsvolles Schweigen. Dann trat der Mann, der die Szene so brüsk unterbrochen hatte, aus dem Dunkel des Eingangs hervor. Es war Dieter Thomas Heck, der extra nach Cornwall gekommen war, um Wussow für seine Sendung *Das ist Ihr Leben* als Stargast einzuladen. Die Überraschung war gelungen.

ST. MICHAEL'S MOUNT

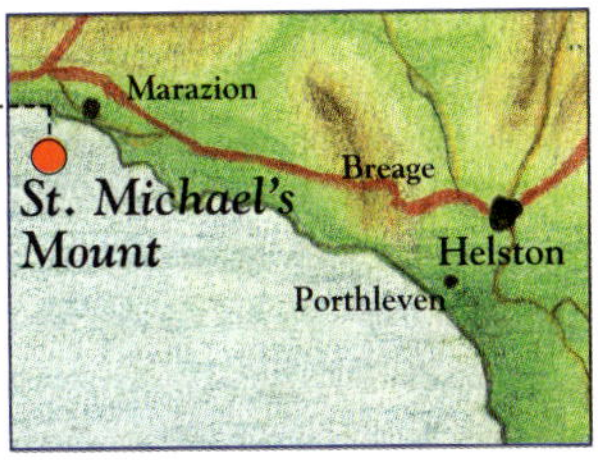

Bei Ebbe führt ein schmaler Weg von der kleinen Stadt **Marazion** hinüber zum St. Michael's Mount, dem weithin sichtbaren Wahrzeichen an der Küste. Auf der Spitze des alten Festungshügels thront die Burg, die heute von Lord St. Levan bewohnt wird.

Keine Burg in Cornwall ohne spannende Geschichte. Die von St. Michael's Mount begann im Jahr 495, als einigen Fischern auf der Meeresseite der Insel der Erzengel Michael erschien. Im 12. Jahrhundert ließ König Edward auf dem felsenreichen Hügel ein Kloster errichten, das dem Benediktinerorden von St. Mont Michel in der Bretagne unterstellt wurde. Im 17. Jahrhundert gelangte die hoch aufragende Festung in den Besitz der Familie St. Aubyn, und im darauffolgenden Jahrhundert entstanden die prächtigen Gemächer der Burg, wie sie heute besichtigt werden können. Niemand muß befürchten, bei Flut auf der Insel einge-

schlossen zu werden – kleine Boote verkehren im Pendelverkehr zwischen St. Michael's Mount und dem Festland.

Nach der Besteigung des St. Michael's Mount empfiehlt es sich, noch ein Weilchen in **Marazion** zu bleiben und sich dort in den Gassen umzuschauen, wo weitere Teile des Pilcher-Films *Wolken am Horizont* entstanden sind. Auch einige entscheidende Szenen der zweiteiligen Verfilmung des Romans *Heimkehr* (1997) mit dem berühmten Peter O'Toole in der Hauptrolle sind hier angesiedelt. So befindet sich hier zum Beispiel die Arztpraxis des jungen Mediziners Dr. Jeremy Wells

(George Asprey), der schließlich doch noch das Herz der Heldin Judith (Emily Mortimer) erobern kann …

Marazion ist einst durch die benachbarten Minen zu einigem Wohlstand gelangt. Der Ort war zudem der wichtigste Marktplatz für die Menschen der Bucht und die Farmer im Hinterland.

Die Bucht zwischen Marazion und **Penzance** wird heute wegen der günstigen Windbedingungen vor allem von Surfern aufgesucht. Mit internationalen Windsurfing-Wettkämpfen hat sich Marazion unter Kennern einen beachtlichen Ruf erworben.

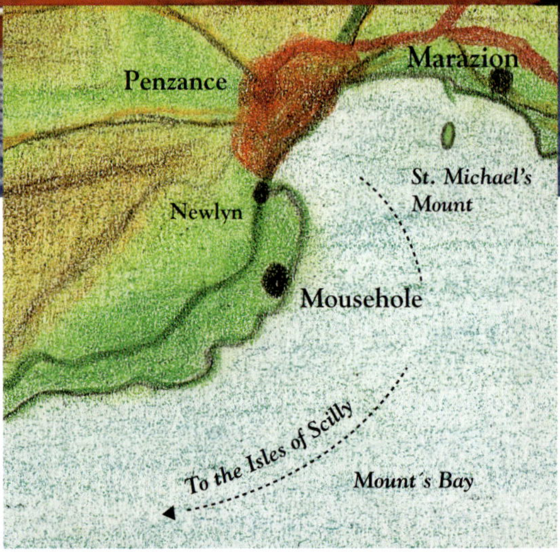

Die cornische Riviera und viele Inseln

VON PENZANCE BIS MOUSEHOLE

Neben St. Ives an der Nordküste ist das im Süden gelegene **Penzance** mit seinen rund 20.000 Einwohnern jener Ort, der im „Pilcher-Land“ als „heimliche Hauptstadt“ gelten darf. Penzance ist einer der am häufigsten erwähnten Namen in den Romanen und Erzählungen Rosamunde Pilchers, und dies ist kein Zufall, denn nur wenige Meilen nordöstlich von hier, in **Lelant**, wuchs die Schriftstellerin auf. Deshalb war Penzance auch für die Verfilmung ihrer Romane im wahrsten Sinne ein Dreh- und Angelpunkt.

Penzance ist die wichtigste Stadt im Distrikt Penwith, der die Südwestspitze Cornwalls bis Land's End umfaßt. Diesen lebendigen, charmanten Ort zu lieben ist leicht. Wenn man mit der Südküste Cornwalls den Begriff „Riviera“ in Verbindung bringt, dann gilt dies ganz besonders für Penzance mit seiner mediterranen Atmosphäre. Hier wachsen Palmen, und hier scheint alles noch früher zu blühen als in der umliegenden Region.

Die Straßen mit ihren zahlreichen reizvollen Shops, gutsortierten Buchläden, Antiquitätengeschäften und Restaurants verlocken zum ausgiebigen Bummeln. Es gibt so viel Interessantes zu entdecken, daß selbst ein paar Regenschauer, die auch hier hin und wieder herunterkommen, die Stimmung nicht trüben können. Der viktorianische und georgianische Stil verleiht auch den kleineren Häusern im Bereich der Market Jew Street und in der berühmten Chapel Street ein elegantes Aussehen. In der Chapel Street, die zum Hafen hinunterführt, wohnte übrigens Elisabeth Branwell, die Mutter der Brontë-Schwestern, wodurch sich einmal mehr eine interessante Verbindung zwischen Cornwall und der englischen Literatur ergibt.

Wie Truro verdankt auch Penzance sein heutiges Renommee vor allem der 1859 fertiggestellten Eisenbahnverbindung mit dem fernen London. Die bevorzugte Lage an der **Mount's Bay** zog schon sehr früh wie ein Magnet Touristen an und führte beispielsweise dazu, daß hier die längste Promenade Cornwalls gebaut wurde.

Die Stadt ist im Laufe der Zeit von feindlichen Angriffen nicht verschont geblieben. Ende des 16. Jahrhunderts landeten hier die Spanier und zerstörten große Teile des Ortes und der Umgebung. Erst nach dieser bitteren Erfahrung, den Feinden schutzlos ausgeliefert zu sein, wurde der Hafen mit den auffallend großen Piers gebaut.

Sich als Tourist in Penzance oder in einem annehmbaren Radius in der Nähe aufzuhalten (z.B. in **St. Ives** an der Nordküste) bietet viele

Eine Straße in dem malerischen Städtchen Penzance

Vorteile. Als mondänes Zentrum hat die Stadt in jeder Hinsicht den Ehrgeiz, „etwas zu bieten“. Von hier aus ist man nach zwanzig Minuten Bahnfahrt in **St. Ives**, und der Helikopterflug zu den **Isles of Scilly** dau-

DIEU.ET. MON.DROIT
THE EGYPTIAN HOUSE

ert etwa ebensolang. Man kann Galerien, das *Penlee House Museum* oder das ungewöhnliche *Egyptian House* besuchen, dessen auffällige ägyptische Fassade wie eine exzentrische Filmkulisse wirkt und das schon Generationen von Urlaubern in Erstaunen versetzt hat. Das Meerwasserbad *Jubilee*, ausgestattet im nostalgischen Art Déco-Stil, zeugt von der langen Geschichte dieses „Riviera"-Badeortes, der mit seinen ausgedehnten Stränden in der Mount's Bay im Sommer dem Trubel der italienischen Riviera kaum nachsteht.

Daß Penzance für die Pilcher-Verfilmungen ein Hauptschauplatz wurde, war für alle Regisseure angesichts des hohen Stellenwertes dieser Stadt in den Büchern der Autorin eine Selbstverständlichkeit. So wurde im Hafen unter der Regie von Helmut Förnbacher ein Teil der allerersten Pilcher-Verfilmung *Stürmische Begegnung* (1993) gefilmt, mit Sophie von Kessel und Michael Lesch in den Hauptrollen. Aber auch für *Wolken am Horizont*, *Sommer am Meer*, *Lichterspiele* und *Heimkehr* war Penzance eine ebenso großartige wie einprägsame Kulisse.

Unmittelbar vor den Toren der Stadt, in **Trereife**, steht in einem privaten Park – und Besuchern leider verschlossen – ein altes herrschaftliches Anwesen, das als Hauptmotiv für *Stürmische Begegnung* diente und den Szenen genau jenen Rahmen verlieh, den die Schriftstellerin mit dem Herrenhaus „Boscarva" vorgegeben hatte.

Als Rosamunde Pilcher von Schottland aus nach Cornwall kam, um die Dreharbeiten zu besuchen, erkannte sie in diesem Motiv nicht nur eine starke Ähnlichkeit mit ihrem „Boscarva", sondern sie erinnerte sich auch, daß sie als junges Mädchen das alte Herrenhaus, in dessen Garten sie nun mit Hauptdarstellerin Sophie von Kessel saß, unzählige Male von außen bewundert hatte, ohne es je betreten zu dürfen.

Ebenfalls nicht weit von Penzance entfernt, etwa drei Kilometer nordwestlich, liegt *Trengwainton Garden & House*, Schauplatz der großen Cricket-Szene zu Beginn des Films *Sommer am Meer*. Verwaltet vom National Trust, bietet auch dieser Garten eine farbenprächtige Palette subtropischer Pflanzen und gartenarchitektonischer Phantasie.

Wandertip

Um Penzance etwas abseits der belebten Einkaufsstraßen kennenzulernen, bietet sich ein kleiner Spaziergang um den historischen Stadtkern an. Dabei kann man beim Betrachten der alten Häuser viele kleine und

Nicht gerade typisch cornisch: das eindrucksvolle *Egyptian House* in Penzance

größere Entdeckungen machen, an denen die meisten Touristen leider vorbeigehen.

Der Spaziergang beginnt und endet am *Tourist Information Center* beim Parkplatz neben dem Hafen. Von dort aus geht man die Wharf Road hinunter, um nacheinander zahlreiche interessante Sehenswürdigkeiten zu erkunden.

Im *National Lighthouse Museum* wird eine spannende Darstellung der Leuchtturm-Geschichte geboten. Der Besuch läßt sich übrigens gut verbinden mit einer Besichtigung des 19 Meter hohen Leuchtturms am Lizard Point (s. Seite 46). Dann geht es weiter zu den *St. Anthony's Gardens*. Von hier aus hat man einen wunderschönem Blick über die Bucht bis zum Fischereihafen Newlyn. Auch die *Morab Gardens*, ein über hundert Jahre alter Park mit Palmen und vielen anderen tropischen Pflanzen, lädt zum Verschnaufen ein.

Das *Penlee House* beherbergt heute ein lokalgeschichtliches Museum und die Art Gallery. Die *St. John's Hall*, in der ein geologisches Museum untergebracht ist, gehört zu den größten aus Granit erbauten Gebäuden Englands. Das *Market House* stammt aus dem Jahr 1838; seine östliche Hälfte diente früher als Markt. Und schließlich liegt das *Union Hotel* auf der Route. In den alten Versammlungsräumen soll 1805 der Tod von Admiral Nelson verkündet worden sein.

ISLES OF SCILLY

Obwohl die Scilly-Inseln mehr als nur einen Katzensprung von Penzance entfernt sind – nämlich rund fünfzig Kilometer –, hat sich der Ort trotzdem zu einer Art Heimathafen für Scilly-Seefahrer entwickelt. Vom Pier legen die Schiffe zu den Inseln ab, und vom *Heliport*, den man schon von weitem an der A 30 liegen sieht, steigt täglich eine russische Sikorski-Maschine zum Zwanzig-Minuten-Flug nach **St. Mary's** auf. Eine dritte Möglichkeit, die Scilly-Inseln zu erreichen, bietet die zweimotorige Maschine (*Skybus*), die von **Land's End** und **Newquay** aus fliegt.

Daß Cornwall und die Scillies fast immer in einem Atemzug genannt werden, hat freilich auch noch andere Gründe. Sie haben sozusagen denselben „Eigentümer" – nämlich Prinz Charles – und eine gemeinsame Geschichte; außerdem profitieren beide gleichermaßen vom warmen Golfstrom, und nicht zuletzt ist Cornwall für die Inseln die Nabelschnur zum übrigen England.

Auf dem Festland verkaufen die Händler Blumen, die auf den Scillies gezüchtet werden. Die Blumenzucht ist der Haupterwerbszweig der 2000 eigenwilligen Inselbewohner. Touristen sind ihnen zwar willkommen, aber nur, solange sie die subtropische Schönheit der etwa hundert Inseln und Inselchen nicht zerstören. Von diesem selten gewordenen Selbstbewußtsein einer touristisch interessanten Region zeugt auch die strikte Begrenzung auf relativ wenige Gästeunterkünfte. Wer als Cornwall-Reisender genügend Zeit hat, sollte auf jeden Fall die Isles of Scilly besuchen – schon allein um die Erfahrung zu machen, wie die landschaftliche Schönheit der „Cornischen Riviera" von den traumhaften weißen Stränden, dem türkisfarbenen Wasser und der üppigen subtropischen Pflanzenwelt auf den Inseln noch übertrumpft wird.

Hier findet man neben Agaven und Palmen Felder voller Frühlingsblumen, und das alles in friedlicher Abgeschiedenheit. Auch im Hinblick auf Wassersport sind die Inseln ein Paradies und als solches durchaus mit dem Mittelmeer vergleichbar – auch wenn man im kühlen Wasser des Atlantiks schnell daran erinnert wird, wie nördlich die Scillies liegen …

Die größte Insel ist **St. Mary's**. Dort, im Hauptort **Hugh Town**, lebt auch der größte Teil der Inselbevölkerung. Ganz gleich, ob man mit dem

Schiff oder dem Flugzeug kommt – alle Wege führen zunächst nach St. Mary's. Das Städtchen mit seinen lebhaften Pubs, kleinen Geschäften, einer Post und Restaurants befriedigt alle Wünsche des Touristen. Wer schwimmen und in der Sonne liegen möchte, sollte den wunderschönen **Porth Cressa Beach** aufsuchen.

Empfehlenswert ist neben dem Besuch des *Star Castle* (ein altes Fort aus elisabethanischer Zeit, das gegen die Angriffe der Spanier erbaut wurde) insbesondere eine Wanderung zu den Klippen von **Peninnis Head** über *St. Mary's Church* und **Old Town Beach** zurück nach **Hugh Town**.

Tresco ist die zweitgrößte Insel. Hier erwartet den Besucher ein irdisches Paradies, die *Abbey Gardens*, die zu einem an manchen Stellen wirklich atemberaubenden Rundgang zwischen Palmen, Galionsfiguren und vielen subtropischen Gewächsen einladen. In unmittelbarer Nähe befindet sich auch ein Hubschrauber-Landeplatz, der die Verbindung zum Festland herstellt.

Die Insel **St. Martin's** ist das Zentrum des Blumenanbaus. Vor allem aber lohnt sich ein Besuch, um die herrlichen weißen Strände zu genießen, wo man sich an sonnigen Tagen eher in der Südsee als am Atlantik wähnt.

Und doch gehören zu den Scillies auch das sturmgepeitschte Meer und die Unwetter, die immer wieder Schiffe auf die Felsen der Inseln warfen und so den Bewohnern mit der Wrackplünderei einen zusätzlichen Lebensunterhalt boten. Vor allem die Inseln **Bryher** und **St. Agnes** sind in hohem Maße gezeiten- und wetterabhängig. Die Menschen hier sind im wahrsten Sinne des Wortes sturmerprobt.

Robbenbänke und Kolonien seltener Seevögel wie etwa des bunten Papageientauchers, aber auch durchreisende Schwärme europäischer Zugvögel gehören zum eindrucksvollen Bild der Scillies. Es ist sicher nicht übertrieben, wenn man dieses ungewöhnliche Archipel als eines der letzten Naturparadiese unserer Breitengrade bezeichnet.

Vor allem aus Respekt vor dieser unverfälschten Natur haben wir darauf verzichtet, die Dreharbeiten für die Pilcher-Verfilmungen auf diese Inseln auszuweiten, obwohl sie gewiß unzählige Kulissen von besonderer Schönheit geboten hätten. Die Isles of Scilly sollten ungestört von Filmteams das bleiben, was sie seit Jahrhunderten sind: das Archipel der Individualisten, in wilder Schönheit am Rande Europas gelegen.

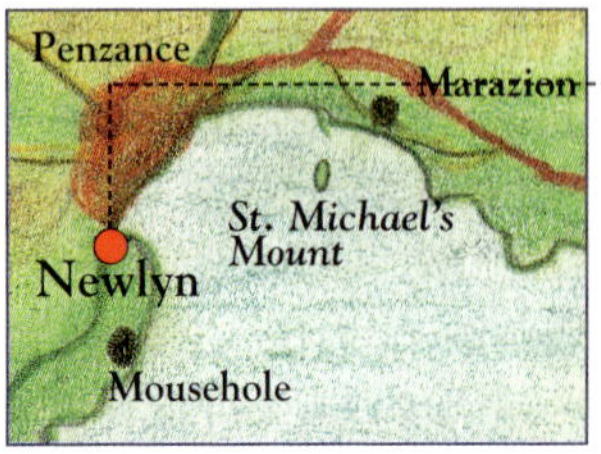

NEWLYN

Newlyn steht zwar etwas im Schatten der Nachbarstadt Penzance, aber das hat den Ort nicht daran gehindert, ein eigenes Gepräge zu entfalten. Das Kapital, das Newlyn als Vorteil gegenüber anderen Städten sehr gut zu nutzen weiß, ist sein Hafen, der größte in ganz Cornwall, in dem eine gewaltige Fischfangflotte stationiert ist. Von hier aus werden die Ladungen nach ganz Europa verschifft, ohne daß man Newlyn deshalb als Industriestadt bezeichnen müßte. Dennoch ist die turbulente Atmosphäre bereits spürbar, wenn man auf der Küstenstraße von Penzance kommend nach Newlyn hineinfährt. Als Hafenstadt wartet es natürlich mit einer Vielzahl von Fischrestaurants und Pubs auf, und wie in jedem cornischen Ort prägen auch hier reizvolle alte Gassen und Cottages das Stadtbild.

Das Hafenambiente hat schon früh dafür gesorgt, daß Newlyn für Künstler eine besondere Anziehungskraft besaß. Der Maler Stanhope Forbes entdeckte Newlyn Ende des vergangenen Jahrhunderts als idealen Platz, um hier, umgeben von einer Fülle faszinierender Motive, im hellen Licht Cornwalls zu arbeiten. Damit war die berühmte „Newlyn School of Artists" begründet, deren Werke heute in der *Newlyn-Orion Art Gallery* sowie im *Penlee House* in Penzance zu bewundern sind. Auch der Dichter Dylan Thomas gehört auf die Liste der namhaften Newlyn-Besucher. 1937 verbrachten er und Caitlin Macnamara mehrere Monate in dem Städtchen, bevor sie im Juli desselben Jahres in Penzance ihre Hochzeit feierten.

Nach wie vor zieht es zahlreiche Künstler geradezu magnetisch nach Cornwall, und auch in den Büchern Rosamunde Pilchers tauchen immer wieder Künstlergestalten auf. Mag es daran liegen, daß es in ihrer eigenen Familie Maler gab, die sie dazu angeregt haben, oder aber an der Atmosphäre der kleinen Stadt St. Ives (s. Seite 100), in der die Autorin lebte und wo man das ganze Jahr über den Künstlern in ihren Ateliers und Galerien begegnet – die Romane und Erzählungen dieser Autorin wären ohne kraftvoll-schöpferische Figuren wie die Maler Grenville Bayliss in *Stürmische Begegnung* oder Ben Litton in *Lichterspiele* nur halb so vital. Als Rosamunde Pilcher während der Dreharbeiten zu *Stürmische Begegnung* in St. Ives den Schauspieler Rolf Hoppe kennenlernte und ihn als Grenville Bayliss im hellen Glasatelier von „Boscarva" agieren sah, war sie spontan begeistert und hatte ihre eigenen Vorstellungen von dieser liebenswert-grantigen Figur plötzlich leibhaftig vor Augen.

MOUSEHOLE

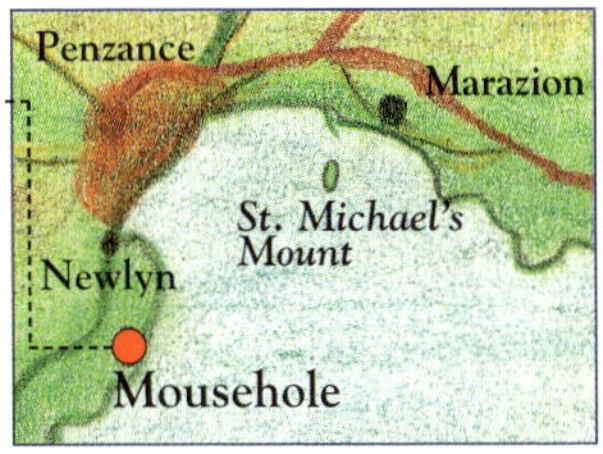

Auch wenn der Name dieses Fischerdorfes rein sprachlich gesehen nichts mit einem „Mauseloch" zu tun hat, sondern eine Verballhornung cornischer Worte ist und sich „maus'l" spricht: beim ersten Spaziergang durch Mousehole fällt einem sofort die Winzigkeit der Gassen und Häuser auf. Grauer Granitstein dominiert das Bild, auch unten am kleinen Hafen, von dem aus man in der Ferne die **St. Clement's Isle** liegen sieht.

Ebenso wie Penzance war Mousehole im Jahr 1595 von den Spaniern dem Erdboden gleichgemacht worden und mußte völlig neu aufgebaut werden, eine Anstrengung, die man bis heute in der dichten, engen Anlage der Häuser wiederzuerkennen glaubt.

Da Mousehole nur wenige Kilometer von Penzance entfernt liegt, profitiert es erheblich von den Touristen, die von dort aus während ihrer Besichtigungstour nach Land's End in diesem Dorf Station machen und darüber staunen, daß dies einst ein bedeutender Hafen für den Sardinenfang gewesen sein soll. Da die Sardinenschwärme relativ nah an die Küste kamen, alarmierte üblicherweise ein auf den Klippen postierter „Ausguck" die Fischer, die dann mit ihren Booten und breiten Netzen hinausfuhren. In guten Jahren waren die Fänge so beträchtlich, daß zeitweise sogar ein Hauch von Wohlstand in die Dörfer kam, der allerdings genauso schnell wieder verschwand.

Mousehole zu erkunden, vielleicht auch in einem der Restaurants am Hafen einzukehren und sich bei einer Portion fangfrischem Fisch auf die weitere Tour Richtung Land's End vorzubereiten, das ist ein bißchen wie die Ruhe vor dem Sturm. Denn bald, zwischen Lamorna und den Klippen von Cape Cornwall, präsentiert sich die Küste immer wilder und aufregender.

Cottages und hundert Buchten

VON LAMORNA BIS LAND'S END

Der Name **Lamorna** steht sowohl für einen Ort und eine Bucht, die **Lamorna Cove**, wie für ein friedliches grünes Tal mit Wiesen und Wäldern, das einen reizvollen Kontrast zur rauhen Küste darstellt. Kleine Cottages und eine Wassermühle vervollständigen das Bild dieser malerischen Idylle.

Für Maler gehört Lamorna nach wie vor zu den bevorzugten Zielen, aber auch ein Schriftsteller wie John Boynton Priestley (1894–1984) hat in diesem Tal Kraft getankt und sich inspirieren lassen. Priestleys Aufenthalt an der Lamorna Cove hat in seinem Roman *Zauber der frühen Jahre* Niederschlag gefunden.

Diese reizende Landschaft bot auch einige Motive für den Pilcher-Film *Heimkehr*. Hier fanden u.a. die Dreharbeiten zu der aufregenden Wettfahrt zwischen Judith (Emily Martimer) und Edward (Paul Bettany) statt.

Wer sich in der Gegend von Lamorna umschaut, entdeckt immer wieder zauberhafte Cottages mit Gärten, die sich durch eine unvergleichliche Blütenpracht auszeichnen und die bei aller Individualität doch so etwas wie eine geheime Verwandtschaft besitzen.

Der *Cottage Garden* hat eine sehr lange Tradition in England und ist weit davon entfernt, einfach nur ein „Bauerngarten" zu sein. Seine Ursprünge finden sich in den ärmeren Regionen des Landes, wo er vor allem in Verbindung mit dem Anbau von Kartoffeln und Artischocken gehegt wurde. Doch dann begann im 18. und 19. Jahrhundert, als unter dem Einfluß des Adels auch wohlhabende Bürger zunehmend die Vorzüge des Landlebens entdeckten, seine allmähliche Kultivierung und Veredelung.

Der heutige Cottage-Garten beeindruckt durch seine Pflanzenfülle, die ungehemmt wachsend den ganzen Garten umfaßt und dennoch gewissen Regeln unterliegt. Zwischen den hohen Stauden und Kletterpflanzen gibt es so gut wie keine Rasenfläche, alles soll ineinander und miteinander wachsen, die Vielzahl der Rosen ebenso wie Phlox und Malven. Fast jede Hauswand ist mit Clematis, Geißblatt oder Glyzinen bewachsen, die über altem Gemäuer weiße Fenster einrahmen. Das Eingangstor ist von Rosen umrankt, und zwischen Lupinen und Ringelblumen führt der Weg schnurgerade aufs Haus zu. Beton wird man vergeblich suchen, hier herrscht pure Natur, und auch der unerläßliche Gartenschuppen ist immer aus Holz.

Zwischen den Blumen, meist in der Nähe des Hauses, sind manch-

mal Kräuter angepflanzt, aber sie werden als Teil der schönen Wildnis oft nicht kultiviert.

Natürlich ist dieser klimabegünstigte „klassische“ Cottage-Garten heute seltener zu finden als noch vor Jahren. Doch nach wie vor sind die Engländer ein gartenbegeistertes Volk, das viele Traditionen dieser Art pflegt.

Wandertip

Der etwa zweistündige Rundwanderweg (8 Kilometer), dessen Ausgangs- und Endpunkt der Ort **Lamorna** ist, beginnt am Parkplatz neben der Mole. Auf dem Coastal Path geht es in südlicher Richtung immer entlang der Küste zum **Lamorna Point** und dann weiter nach **Boscawen Point**. Da der Küstenwanderweg teilweise über sehr steiniges Gelände führt, ist grundsätzlich Vorsicht geboten beim Laufen. Die Ausblicke und im Sommer die Vegetation sind allerdings grandios und machen die kleine Tour zu einem besonderen Erlebnis.

Von Boscawen Point folgen wir der Küstenlinie bis zum Strand der **St. Loy's Cove**, wo der Weg am Ende der Bucht entlang einem Flüßchen nach rechts verläuft. Auf diesem Pfad, immer am Flußufer, wandert man nun durch ein sehr abwechslungsreiches Naturgebiet nordwärts, bis schließlich nahe **Trevedran** nach einem weißen Gatter die Landstraße erreicht wird. Hier gehen wir nach rechts und folgen der Straße etwa 1,5 Kilometer.

Dort passiert man schließlich die berühmten *Merry Maidens*, einen Zirkel von 19 Steinen aus der Bronzezeit, mit denen eine alte Legende verknüpft ist. So sollen einst die Mädchen und ihre beiden Pfeifer trotz des Vergnügungsverbots am Sonntag getanzt und musiziert haben, worauf sie zur Strafe versteinert wurden. Die beiden zu Stein gewordenen Musikanten stehen ein Stück entfernt auf der anderen Seite der Straße.

Von hier aus geht es Richtung **Menwinnion** wieder zurück nach Lamorna. Dort sollte man auf jeden Fall dem traditionsreichen Pub *Lamorna Wink* einen Besuch abstatten.

PORTHCURNO

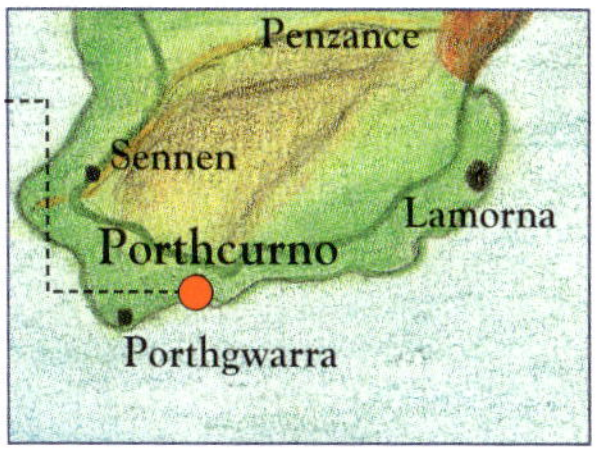

Zwei sehr nachhaltige Eindrücke verbinden sich für den Reisenden mit dem Namen Porthcurno: der herrliche weiße Strand vor einer hohen steilen Felswand und das *Minack Theatre*.

Der Strand, **Porth Curno Beach**, erfreut sich wegen seiner Größe und des wunderbar hellblauen Wassers großer Beliebtheit. In der Hauptsaison ist dort eine Wasserwacht stationiert, ebenso sind einige Einrichtungen für Badeurlauber vorhanden.

Ein anderer traumhaft gelegener Strand ist **Porth Chapel Beach**, der zwar etwas steiler ins Wasser führt, aber ebenso zum Schwimmen geeignet ist.

An der Ostseite der Bucht von Porthcurno steht der *Logan Rock*, ein siebzig Tonnen schwerer Stein, den angeblich Menschenhand sorgfältig auf die Spitze des Felsmassivs plaziert hat.

Genau gegenüber, an der Westspitze der Bucht, liegt weithin sichtbar das *Minack Theatre*, ein in den Fels gehauenes Amphitheater, mit dessen Bau 1929 begonnen wurde. Wie so vieles in Cornwall ist auch dieses Theater ein Produkt individualistischen Eifers. Eine Gruppe von Laienschauspielern hatte 1929 unter freiem Himmel Shakespeares *Sommernachtstraum* aufgeführt. Dies brachte die junge Miss Rowena Cade auf die Idee, ihr kleines Anwesen auf der Felsspitze zu einem Theater umzubauen. So begann sie mit rührendem Tatendrang das schier Unmögliche: Sie planierte und betonierte den Grund, schlug eigenhändig Sitzreihen in die Felsen – und konnte schließlich 1932 ihr *Minack Theatre* mit Shakespeares *Der Sturm* eröffnen.

Von nun an reisten selbst begeisterte Londoner nach Porthcurno, um hier während des Sommers – an kühlen und windigen Tagen eingewickelt in Decken – den Aufführungen beizuwohnen. Fast neunzigjährig starb Miss Rowena 1983, nachdem sie mit Stolz den weiteren Aufschwung ihres Amphitheaters und das fünfzigjährige Jubiläum hatte miterleben können.

Das Theater verfügt über 750 Plätze, die Spielsaison beginnt im Mai und endet im September. Wer nicht die Zeit oder Möglichkeit hat, eine der zahlreichen Inszenierungen besuchen zu können – das Repertoire ist vielseitig, es reicht von Shakespeare über Noël Coward bis Cole Por-

Folgende Seiten: Das *Minack Theatre* an der Küste bei Porthcurno

ter –, der sollte sich zumindest einen Rundgang durch das Theater nicht entgehen lassen. In einer daran angeschlossenen Ausstellung wird darüber hinaus die interessante Geschichte des *Minack Theatre* in Bild und Ton erläutert.

In der Pilcher-Verfilmung *Lichterspiele* hat das Theater selbst eine Hauptrolle gespielt. Hier wurden alle Szenen gedreht, in denen der junge Alexander Wussow als Schauspieler vor sein Publikum tritt. Wer diesen Film gesehen hat, konnte bereits etwas von der unverwechselbaren Atmosphäre dieses kleinen Freilichttheaters über dem Meer spüren.

PORTHGWARRA

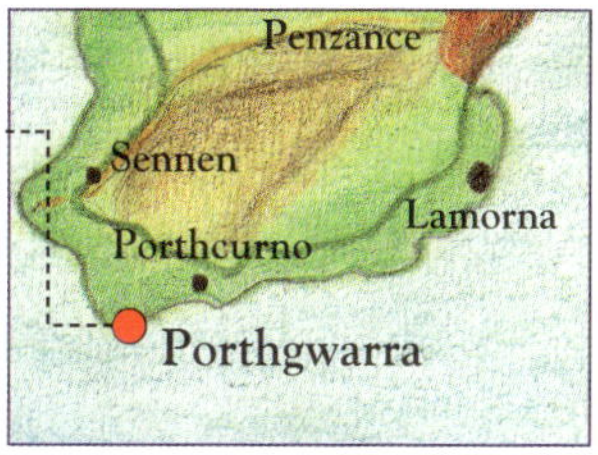

Die wilde Küste zwischen Porthgwarra und **Gwennap Head** (von hier aus kann man bereits Land's End sehen) ist ein ebenso unverzichtbarer wie typischer Teil der großen „Pilcher-Landschaft". So wurden denn auch mehrere Filme mit atemberaubend schönen Luftaufnahmen dieser Küste eröffnet, ohne daß die weitflächigen touristischen Anlagen von Land's End das Panorama störten.

Ein weiteres wichtiges Motiv der zweiteiligen Verfilmung *Heimkehr*

steht am East Cliff Path bei Porthgwarra: die Hütte der Familie Carey-Lewis, in der Judith Dunbar (Emily Mortimer) ihr erstes Liebeserlebnis hat. Ein Stück abseits, am West Cliff Path, erstreckt sich die zur Hütte gehörige kleine Badebucht, mit der sich für das ganze Drehteam zwei amüsante Ereignisse verbinden.

Der große englische Schauspieler Peter O'Toole, der in *Heimkehr* die Hauptrolle des Colonel Edgar Carey-Lewis spielt, verspürte während einer Drehpause große Lust, kurz in die kühlen Fluten zu springen. Seine teuren Schuhe, vom englischen Nobel-Schuhmacher Lobb's handgenäht, ließ er natürlich am Ufer stehen. Doch leider dachte er nicht an die Gezeiten … und die Flut spülte seine edlen Stücke auf Nimmerwiedersehen fort.

Ganz diskret sollte hier auch die romantische Nacktbadeszene mit Loveday (Katie Ryder-Richardson) und Gus (Heikko Deutschmann) gedreht werden. Dazu brauchte der Regisseur zwei kleine Fischerkähne, die aus Sicherheitsgründen als Rettungsboote immer in der Nähe der Schauspieler bleiben sollten. Unter den ansässigen Fischern hatte sich allerdings schnell herumgesprochen, welch pikanten Inhalt die Filmszene haben würde – worauf nicht weniger als 57 mutige cornische Männer freiwillig ihre Hilfe anboten …

LAND'S END

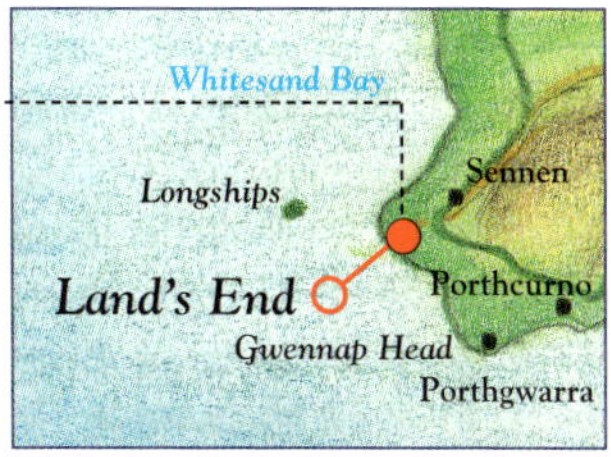

An diesem wahrscheinlich bekanntesten Punkt Cornwalls auf den Klippen zu stehen und zu spüren, warum nicht nur für Seefahrer dieser „most westerly point" eine ganz besondere Bedeutung hat – das macht den Aufenthalt bei Land's End für jeden zu einem ergreifenden Erlebnis. Auch wenn oft behauptet wird, Land's End sei inzwischen ein wahrer Rummelplatz für Touristen und einen Besuch gar nicht wert – einmal in seinem Leben sollte man trotzdem hier gewesen sein. Das tiefe Blau des Atlantik und die milde Luft sind aufregend und beruhigend zugleich, und das übrige Europa ist weit, weit entfernt.

Zwischen Land's End und den Scilly-Inseln soll sich einer Sage zufolge auf dem Meeresgrund „Lyonesse" befinden, das versunkene Reich von König Artus und seinem Zauberer Merlin. Daß besonders hier, wie auch auf dem Lizard, solche Sagen gedeihen konnten, verwundert nicht, wenn man einmal miterlebt hat, mit welcher Gewalt Unwetter und gigantische Blitze das Land heimsuchen können.

Daphne du Maurier weiß in ihrer *Cornwall-Saga* von vielen geheimnisvollen Ereignissen in West Penwith zu berichten: von Kindern, die im gefährlichen Treibsand verschwunden sind, von den Geistern der unbeerdigten Wasserleichen und vielen anderen „Geschichten am Herdfeuer".

Dies alles und noch mehr kann sich jeder leicht vorstellen, der an diesem „Ende der Welt" auf den schmalen ausgetretenen Pfaden umherwandert und den Duft der Gräser einatmet.

Auf der großen freien Fläche unterhalb des Restaurants, den im Meer einsam aufragenden gewaltigen Felsen *Armed Knight* vor Augen, wurde die hinreißend schöne Schlußszene des ersten Pilcher-Films *Stürmische Begegnung* gedreht. Hier standen Rebecca (Sophie von Kessel) und Joss (Michael Lesch) unten an den Klippen im Wind und bekannten sich ihre Liebe.

Da Regisseur Helmut Förnbacher für diese Aufnahmen auch einen Hubschrauber benötigte, um mit Luftaufnahmen das ganze Panorama bei Land's End erfassen zu können, schwebte kurz darauf ein Helikopter ein, in dem der Kameramann saß. Da es in dieser Maschine, wie sonst bei Luftaufnahmen üblich, keine schwingungsfreie Kameraaufhängung gab, mußte er mit extrem ruhiger Hand arbeiten.

Und plötzlich kamen sie auf, die gefürchteten Böen bei Land's End. Der Helikopter sprang heftig auf und ab, während er seine Runden drehte. Nur der langjährigen Erfahrung des Piloten war es zu verdanken, daß der Dreh nicht abgebrochen werden mußte und sozusagen in letzter Minute, ehe das Wetter noch schlechter wurde, die Szene abgedreht werden konnte. Ein letzter langer Kuß der Hauptdarsteller, dann ein Schwenk über das Meer mit den hoch aufragenden Felsen – und der Premierenfilm der ZDF-Pilcher-Reihe hatte sein Happy-end! *Stürmische Begegnung* – selten war ein Titel so treffend wie dieser, wenn man seine „stürmische" Entstehung bei Land's End miterlebt hat.

Nicht nur Rosamunde Pilcher ist als cornische Autorin mit den Naturgewalten in West Penwith vertraut und hat darüber geschrieben. Auch viele andere berühmte Schriftsteller fühlten sich von Land's End magnetisch angezogen. Henry James war 1881 hier bei Freunden, Wilkie Collins kam oft und natürlich immer wieder Daphne du Maurier, die aufmerksam die Entwicklung dieser Landspitze mitverfolgt hat.

Zweifellos hat Land's End in den vergangenen Jahren sein Gesicht sehr verändert, seit das Areal in privater Hand ist. „Family Entertainment" heißt das vermeintliche Zauberwort, mit dem die Besucher zum *Land's End Visitor Centre* gelockt werden. Ein Hotel, ein Restaurant, eine *Hall of Fame*, Fast-Food-Shops und viele andere Touristenattraktionen lassen den Ort heute wie eine Mini-Version von Disneyland erscheinen. Wer nicht gerade seinen kleinen Kindern eine Attraktion bieten möchte, kann getrost einen Bogen um die Anlage machen und sollte sich direkt ans Meer begeben.

Lohnend ist allerdings ein kleiner Spaziergang zum *Land of Greeb*, einem restaurierten, 200 Jahre alten Bauernhof mit Schweinen, Kühen, Schafen und Eseln, die wie einst auf den Klippenwiesen gehalten werden. Der Weg dorthin führt über eine Brücke und dann an einem Flüßchen entlang.

SENNEN

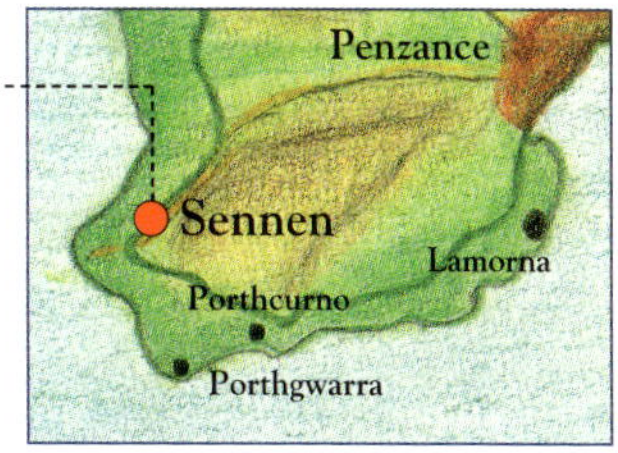

Eng mit Land's End verbunden ist der kleine Ort Sennen, den man auf der Fahrt zur Landspitze zwangsläufig passiert. Für den Reisenden ist vor allem der Ortsteil **Sennen Cove** mit der breiten **Whitesand Bay** ein lohnendes Ziel. Der herrliche Strand macht seinem Namen alle Ehre und wird insbesondere von Surfern aufgesucht, da die Bucht flach ist und die Küste eher sanft ansteigt. Wer im Sommer nach einer ausgiebigen Erkundung der Landspitze oder einer Wanderung ein wenig Erfrischung sucht, sollte hier kurz Rast machen und eine Runde schwimmen.

Die Rettungsboote, die man in Sennen Cove stationiert hat, sind für den gesamten Küstenabschnitt lebenswichtig und mußten sich schon in vielen gefährlichen Einsätzen beweisen. Dort, wo der Atlantik und der Kanal ineinander übergehen, sind selbst modern ausgerüstete Schiffe bei Orkanen immer wieder gefährdet, und auch die Segler halten gebührenden Abstand zu den Felswänden.

Wandertip

Einer der beliebtesten Wanderwege Cornwalls ist dieser Rundweg von **Sennen Cove Harbour** über **Land's End** und den Ort **Sennen** zurück zum Ausgangspunkt (9,5 Kilometer, ca. 3 Stunden). Leider hat das auch dazu geführt, daß der Pfad im Küstenbereich oft in schlechtem Zustand ist. Dennoch sei diese Wanderung jedem Cornwall-Liebhaber ans Herz gelegt. Sie bietet die schönsten Perspektiven und verbindet sozusagen das Wasser- mit dem Landerlebnis. Unterwegs kommt man an friedlich grasenden Schafherden vorbei, und hier und da laden romantische Plätze dazu ein, in Ruhe Möwen und andere Seevögel zu beobachten.

Vom Hafen **Sennen Cove** aus, wo es auch einen Parkplatz gibt, steigt man zunächst südwestlich hoch in Richtung **Mayon Cliff**. Von dort aus geht es die Küste entlang nach **Land's End**, vorbei an den aus dem Wasser ragenden, zerklüfteten Felsen *Irish Lady* und – am Ende der Bucht – *Dr. Syntax's Head*.

Wer wirklich nur an der Naturschönheit der Landspitze interessiert ist, findet mit diesem Weg den reizvollsten und zudem kostenlosen Zugang zu Land's End. Wenn man es zeitlich einrichten kann, sollte man

diese Stelle zum Sonnenuntergang aufsuchen, wenn der leuchtend rote Horizont den Atlantik in mildes Licht taucht.

Weiter geht es vorbei am Bauernhof *Land of Greeb*, hinter dem der Coastal Path immer eindrucksvoller wird, je mehr wir uns der Bucht von **Nanjizal** nähern. Dieser vielgerühmte Wegabschnitt gehört in der Tat zu den „Perlen" der cornischen Landschaft. Für diesen Pfad, der nicht mehr als einen Kilometer lang ist, sollte man sich genügend Zeit nehmen. Zur Linken kleine, heckengesäumte Felder, zur Rechten das Meer und atemberaubende Klippen – jeder, der diesen Weg gegangen ist, weiß, warum Land's End letztlich doch ein „must" für Cornwall-Reisende ist.

Wer übrigens nicht die ganze Wanderung machen möchte, kann

auch einfach einen Spaziergang von Land's End zur Bucht von Nanjizal unternehmen.

Auf der großen Rundwanderung wird es ab Nanjizal etwas komplizierter, den richtigen Weg zu finden, weshalb es ratsam ist, sich vorher mit gutem Kartenmaterial auszustatten (s. Anhang S. 136). Viele Pfade in dieser Region sind sozusagen „in Bewegung" und müssen immer wieder korrigiert werden.

Am Ende der Bucht, beim **Lower Bosistow Cliff**, führt der Weg nach links Richtung **Trevilley** und von dort zur Straße nach **Sennen**. Vorbei am *First and Last Inn* geht es dann auf der Hauptstraße von Sennen weiter, bis nach einer Weile auf der linken Seite der Fußweg zurück nach **Sennen Cove** und zum Hafen führt.

Die Küste
der wilden Klippen

VON ST. JUST BIS ZENNOR

Wenn man Land's End hinter sich gelassen hat und die Fahrt entlang der Atlantikküste Richtung Norden fortsetzt, spürt man, daß Cornwall plötzlich ein anderes Gesicht bekommt. Im Vergleich zum eher sanften Charakter der cornischen Riviera wird die Landschaft zunehmend rauher. Fernab der turbulenten Zentren wie Penzance, Looe oder Polperro durchreist man hier einsame Landstriche. Abgelegene Gehöfte, geheimnisumwitterte Ruinen, kleine Dörfer aus grauem Stein – über allem liegt eine mystische Stimmung, und man ahnt, daß diese Region den Anschluß an die Welt „da draußen" verloren hat.

Überall im Distrikt Penwith stößt man auf *Quoits*, geheimnisvolle steinerne Grabstätten aus der Bronzezeit, deren schwere Platten – der *Zennor Quoit* (südöstlich von **Zennor**) beispielsweise soll zwölf Tonnen wiegen – wie mächtige Boten der cornischen Vergangenheit erscheinen. Auch *Men-an-Tol*, ein großer stehender Ring aus Granit in der Nähe von **Morvah**, oder der nicht weit entfernt aufragende *Lanyon Quoit* geben uns Rätsel auf.

Daß es in den Dörfern und Städten von West Penwith einst lebendiger zugegangen sein muß, beweisen die Schornsteine der halbverfallenen Zinnminen, denen man immer wieder als stumme Zeugen vergangener Zeiten begegnet.

Schon in der Römerzeit hatte die Region zwischen **St. Just** und **St. Ives** das Leben und die Wirtschaft Cornwalls entscheidend geprägt. Hier ist das Land der Zinn- und Kupferminen, von deren Erträgen man selbst noch in Truro oder Helston profitierte und die jahrhundertelang zu einer gewissen Blüte cornischer Städte beitrugen.

Die Bergarbeiter waren als selbständige Unternehmer tätig und konnten mit ihrer risikoreichen Arbeit durchaus ihr Glück machen. Sie waren aber auch gefürchtete rauhe Gesellen in einer unwirtlichen Umgebung. Daphne du Maurier berichtet in ihrer *Cornwall-Saga*, daß die Zinngräber in **Botallack** ihre Mine bis tief unter das Meer getrieben hatten, um dort todesmutig Zinn abzubauen, während über ihnen das Meer rauschte und jederzeit ein Stollen einbrechen konnte.

Vor allem **St. Just** profitierte als Zentrum der Region von den Zinnminen. Von hier aus führte der *Tinner's Way* bis zum Umschlagplatz **St. Ives**. In den Straßen dieser Stadt, die von zwei großen methodistischen Kirchen überragt werden, ist immer noch ein Rest von Lebendigkeit spürbar. Daß heute alle Minen der Gegend geschlossen sind, hängt mit der veränderten Weltmarktsituation zusammen. Die Mine in **Pen-**

Der *Lanyon Quoit*, eine prähistorische Grabstätte in der Nähe von Morvah

Ruine einer Zinnmine bei Botallack

deen hat noch bis 1991 überleben können (s. Seite 90). Diese dramatische Entwicklung hat tiefe, bis heute nicht verheilte Wunden im Lebensalltag der Menschen von St. Just und Umgebung hinterlassen. Das Leben ist anders geworden seither, zumal St. Just den Tourismus als Einnahmequelle bei weitem nicht so nutzen kann wie die Orte an der Südküste Cornwalls. Dennoch ist das Städtchen ein interessanter Meilenstein auf unserer Reise, und wer die Zeit mitbringt, sollte sich einmal vor Ort nach den alten Minen-Pfaden erkundigen.

CAPE CORNWALL

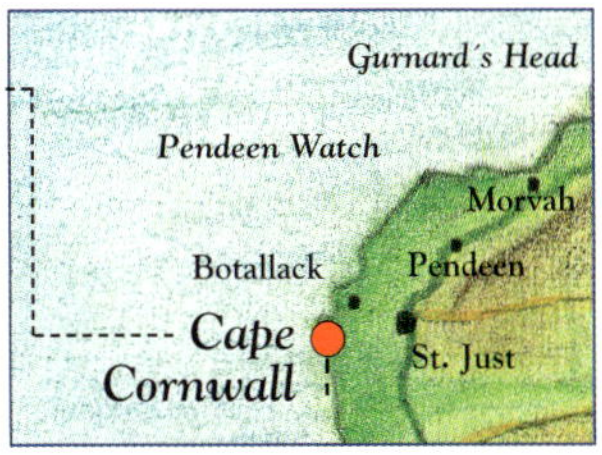

Von den alten Seefahrern ist überliefert, daß sie die Landspitze **Cape Cornwall** gar nicht so selten mit Land's End verwechselt haben, was manchmal fatale Folgen hatte. Übrigens soll es Touristen geben, denen dieser Irrtum auch heute noch unterläuft ...

Zweifellos steht Cape Cornwall dem „echten" Land's End in punkto wildem Charme nicht nach. Und wer einen großen Bogen um die dortigen touristischen Anlagen machen will, wird bei einem Besuch am Cape Cornwall ein durchaus vergleichbares „Land's-End-Feeling" erleben. Wer Einsamkeit und urwüchsige Natur sucht, wird sie auf dieser Landspitze finden. Auf dem Weg dorthin, zwischen Steinmauern und Ginsterhecken, weiden Pferde, und immer wieder trifft man auf die verfallenen Reste des *Tinner's Way*.

Daphne du Maurier hat auch für diesen Ort in ihrer *Cornwall-Saga* eine atmosphärische Beschreibung gefunden, die sich mit entsprechenden Passagen im Werke Rosamunde Pilchers weitgehend deckt:

„Ich kann mich jetzt noch an die Ruhe von Meer und Himmel erinnern, an das ferne Geplätscher des Atlantischen Ozeans gegen die Klippen unten, und unsere einzigen Gefährten waren Möwen und Raben. Wir kochten Schinken über einem Ginsterfeuer, und der angenehme Geruch, gemischt mit dem bitter-heißen Duft der weißen Asche, ist noch heute in meinen Nüstern."

Mit Cape Cornwall und Umgebung befinden wir uns erneut in einer Region voller „Pilcher-Spuren". So liegt in der Nähe von St. Just jener Ort Nancherrow, nach dem die Autorin den Herrensitz in dem Roman *Heimkehr* benannt hat. In den vielen Gesprächen, die wir zur Vorbereitung der Verfilmungen mit Rosamunde Pilcher geführt haben, erfuhren wir, daß die Autorin von der geheimnisvollen Vergangenheit der West Penwith-Region stets besonders fasziniert war. Daher war es naheliegend, in zwei wichtigen Szenen des Films *Sommer am Meer*, dessen Geschichte hier angesiedelt ist, ein typisches Bild der Gegend um Cape Cornwall wiederzugeben. In der Romanvorlage ist die Landschaft mit folgenden Worten beschrieben:

„Die Luft, die nach Heu duftete, wurde von einer Brise, die von der See her blies, gekühlt. Von der Hügelkuppe, zu der die Straße sich über die Felsschulter von Carn Edvor hinaufwand, fiel das Land schräg ab zu den fernen Klippen, Ackerland, mit gelbem Stechginster durchzogen, mit Granitbrocken durchsetzt und in Dutzende von kleinen Feldern aufgeteilt."

Das ideale Filmmotiv fanden wir etwas südlich von Cape Cornwall: **Carn Gloose**, von St. Just leicht über die Carn Gloose Road erreichbar. Nahe den Klippen drehte Regisseur Hansjürgen Tögel eine der originellesten Szenen der Pilcher-Reihe, nämlich jene Sequenz, in der die junge Virginia Parsons (Kerstin Draeger) auf dem Traktor sitzend den Mann ihrer Träume, Eustace Philipps (Heikko Deutschmann), übermütig wie ein Torero den Stier vor sich herjagt – ein hinreißendes Spiel zweier Verliebter voller filmischer Überraschungen. Noch ahnen die beiden nicht, daß ihr Glück durch eine Intrige zerstört wird ... und natürlich auch nicht, daß sie sich Jahre später wiederbegegnen werden.

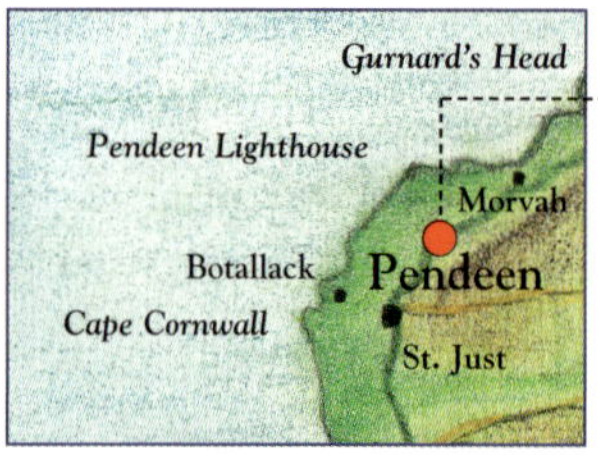

PENDEEN

In einem weiten Radius um Pendeen befindet sich Cornwalls archäologisch interessantestes Gebiet. Relikte aus der Bronze- und Eisenzeit finden sich buchstäblich auf jeder Meile, oftmals direkt neben der Landstraße. Ein typisches Beispiel ist der stehende Stein von **Boswens**, auf den in Pendeen zu Recht als besondere Sehenswürdigkeit hingewiesen wird. Eindrucksvoll erhebt sich der Monolith über das Hügelland. Archäologen glauben, daß er der fast 4000 Jahre alte Teil einer Grabkammer ist. Boswens erreicht man von Pendeen aus über die B 3318. Nach etwa 1,5 Kilometer führt linkerhand ein ausgeschilderter Fußweg zu dem prähistorischen Monument.

Der Ort **Pendeen** lebt weitgehend von seiner Vergangenheit als Anlaufstelle für die Minenarbeiter. Hier steht die *Geevor Mine*, die als letzte der großen cornischen Zinnminen 1991 ihren Betrieb einstellte. Zur Erinnerung an die prosperierenden Zeiten Cornwalls ist sie heute eine „Museums-Mine", in der man die Original-Stollen besichtigen und faszinierende Einblicke in die düstere Welt der Zinnminen gewinnen kann.

Sehenswert ist auch das *Pendeen Lighthouse*. Der weiße Leuchtturm mit seinem ebenfalls weißen Nebengebäude steht erhaben auf den hohen Klippen und ist schon von weitem zu sehen. Er wurde zur

Jahrhundertwende in Betrieb genommen und zieht mit seinem ungewöhnlichen Erscheinungsbild sofort die Aufmerksamkeit der Vorbeifahrenden auf sich.

Einen Besuch lohnen auch die Kirche *St. John The Baptist* bei **Pendeen Carn** und – in der Nähe des Leuchtturms – die *Pendeen Manor Farm* aus dem 16. Jahrhundert.

In der bei Pendeen gelegenen **Portheras Cove**, einer kleinen, verschwiegenen Bucht, wurde für *Sommer am Meer* die anrührende Strandszene aufgenommen, in der Eustace mit Virginia und ihren beiden kleinen Kindern angelt, badet und ihr neues gemeinsames Leben zu viert genießt.

Das Haus „Bosithick" aus dem Film *Sommer am Meer* heißt in Wirklichkeit Cove Cottage

GURNARD'S HEAD

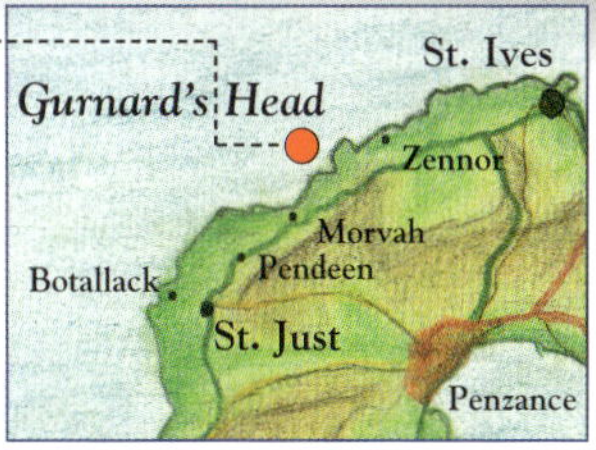

Eines der romantischsten und einprägsamsten Motive der gesamten Pilcher-Reihe ist jenes kleine Cottage, das in *Sommer am Meer* den Namen „Bosithick" trägt. In Rosamunde Pilchers Roman heißt es: „Von einem Haus war nichts zu sehen, bis sie um eine steile Kurve bog und es direkt vor ihr lag. Eine Mauer, dahinter ein Giebel und ein Schieferdach. (...) Ein kalter salziger Wind blies vom Meer, und es roch nach Stechginster. Sie ging zum Tor und wollte es öffnen, doch die Angeln waren zerbrochen. (...) Ein schmaler Pfad führte zu ein paar Steinstufen und dann zum Haus hinunter, und Virginia sah, daß es langgestreckt und niedrig war ..."

Es war keine leichte Aufgabe, ein solches Haus zu finden, da es bestimmte Eigenschaften haben mußte. So sollte es der Beschreibung der Autorin möglichst entsprechen, dicht am Atlantik liegen und zudem für das Drehteam mit seiner Ausrüstung gut erreichbar sein. Die Suche dauerte mehrere Tage, und viele Cottages, die zunächst geeignet erschienen, wurden wieder verworfen. Regisseur Hansjürgen Tögel wollte schon aufgeben und sich in einer anderen Gegend umsehen, als er plötzlich vor dem idealen „Bosithick" stand: der Bed & Breakfast-Pension *Cove Cottage* bei **Gurnard's Head**, einer kleinen Halbinsel westlich von **Zennor**.

Für die Dreharbeiten wurde die Außenfassade des Hauses zunächst – entsprechend der Romanvorlage – in einen heruntergekommenen Zustand versetzt, damit es später um so schöner erstrahlen konnte. Vor allem die Szene gegen Ende des Films, als Lady Keile (Ruth Maria Kubitschek) ihre gedemütigte und ungeliebte Schwiegertochter Virginia (Kerstin Draeger) in diesem traumhaft gelegenen, romantischen Cottage besucht und sie um Verzeihung bittet, ist vor der Kulisse von Gurnard's Head von starker Emotionalität.

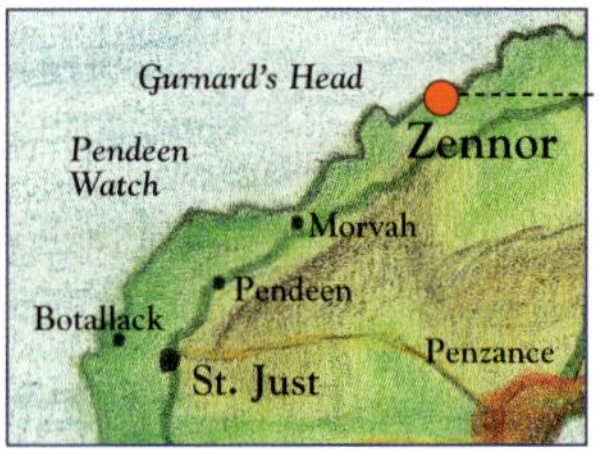

ZENNOR

Mit Zennor verbindet man in Cornwall mehr als nur die allgegenwärtige Erinnerung an die Zinnminen. Der kleine Ort ist vor allem untrennbar mit der keltischen Geschichte verknüpft: als Heimat der Mythen und Sagen, wo trotz der Nähe zu Städten wie St. Ives und Penzance die Uhren etwas langsamer gehen.

Rund um Zennor erstrecken sich von grauen Steinmauern umgrenzte und oft sumpfige Wiesen, die bei Regen und im Nebel wie eine geheimnisvolle Welt böser Mächte wirken können, während schon am nächsten Tag bei Sonne alles wieder ganz friedlich aussieht.

Gegenüber der Kirche *St. Senera* befindet sich das *Tinner's Arms*, ein völlig unprätentiöser, Pub, der sich besonders nach einer langen Wanderung zur Rast anbietet. Hier war 1916 auch der Schriftsteller D. H. Lawrence mit seiner deutschen Frau Frieda von Richthofen zu Gast. Beide waren von dem Ort so angetan, daß sie sich ein Haus an der Küste suchten und sogar ein befreundetes Ehepaar nach Zennor holten.

Die geheimnisvolle Intensität Cornwalls muß auf Lawrence zu diesem Zeitpunkt geradezu magisch gewirkt haben, denn begeistert schreibt er an seinen Freund, den Romancier J. D. Beresford:

„Ich möchte aber gern in Cornwall bleiben. Es gefällt mir so gut ... Es ist sehr richtig, was Sie sagen: die Küste ist völlig urtümlich. Die wuchtigen schwarzen Felsen, wie kompakte Finsternis, und die wuchtigen Wassermassen, wie eine Art erstes Zwielicht gegen sie brandend, ohne sie zu verändern ... Ich liebe es, diese fürchterlichen Felsen zu betrachten, diese unnachgiebigen, wuchtigen Klumpen der uranfänglichen Finsternis, und wie dann das schwere, kalte Licht der See dagegen brandet: es ist wunderbar."

Doch der Enthusiasmus hielt nicht ewig an. Einige Jahre später wollten die Einwohner von Zennor die Gäste loswerden, deren unkonventionelle Lebensweise und sexuelle Freizügigkeit die traditionsbewußten Einheimischen verschreckten und ärgerten. Als schließlich sogar die Polizei gegen Lawrence vorging, verließ er Zennor voller Zorn. Später widmete er dem Ort lange Passagen in seinem Roman *Kangaroo*.

Das Kapitel D. H. Lawrence ist inzwischen längst vergessen, aber auch heute noch verkehren viele Künstler im *Tinner's Arms*. Zu seinen Gästen zählt auch Rosamunde Pilcher, die diesen Ort sehr liebt. Ange-

regt durch die lebendig-laute Atmosphäre in diesen rauchigen Gemäuern, haben wir hier zusammen mit ihr viele Ideen für die Verfilmungen geboren.

Wandertip

Wer die nähere Umgebung Zennors kennenlernen möchte, sollte eine sehr abwechslungsreiche, etwa zwei- bis dreistündige Wanderung (8 Kilometer) unternehmen. Für sie ist allerdings detailliertes, „einheimisches" Kartenmaterial unerläßlich, weshalb hier die Route nur grob beschrieben werden soll (s. Anhang S. 136).

Der Weg beginnt westlich des Kirchhofs in Zennor und führt über Wiesen zu den Farmen *Tremedda* und *Wicca* nach **Boscubben**. Nun geht es nach links zur Küste weiter, die man über das Farmland von **Treveal** bei der Bucht **River Cove** erreicht.

Von hier tritt man in westlicher Richtung den Rückweg an, mit herrlichen Ausblicken auf die sehr schroffen Felsen des Atlantik, vorbei an **Mussel Point**, **Tregerthen** und **Tremedda Cliff**, bis schließlich **Zennor Cliff** erreicht ist. Dort wendet man sich nach Süden und darf sich schon bald auf **Zennor** und einen zünftigen Drink im *Tinner's Arms* freuen.

Pilcher-Land oder das Herz Cornwalls

VON ST. IVES BIS ST. ERTH

Um die Neugier der Pilcher-Gemeinde zu befriedigen, sei gleich zu Anfang dieses Kapitels verraten, was viele ohnehin schon vermutet haben werden: Das fiktive Fischerstädtchen „Porthkerris", Hauptschauplatz der meisten Pilcher-Romane, heißt in Wirklichkeit **St. Ives**.

An diesem Abschnitt der Atlantikküste sind wir nun mitten in der persönlichen Erlebniswelt der Autorin angekommen, denn hier ist sie aufgewachsen, und hier hat sie auch ihre eigene Familie gegründet.

Wenn – wie immer wieder gesagt wird – Truro der Kopf Cornwalls ist und Penzance der Bauch, dann darf die bezaubernde Hafenstadt St. Ives für sich in Anspruch nehmen, das Herz Cornwalls zu sein. Der Ort vereint all das in sich, was den heutigen Ruf der Grafschaft ausmacht: eine von der Natur mit vielen reizvollen Kontrasten gesegnete Landschaft, eine harmonische Kleinstadt-Atmosphäre, alle touristischen Angebote und – last, not least – ein weltweites Ansehen als Künstlerkolonie.

Die Gassen von St. Ives gleichen einer Bilderbuchwelt, durchdrungen von dem Charme, den eine alte englische Stadt über die Jahrhunderte entwickelt hat. Kleine Geschäfte – vom traditionellen Käseladen, der *clotted cream* anbietet, bis zum Computerhändler – erfüllen alle Wünsche ihrer einheimischen und durchreisenden Kunden. Kopfsteinpflaster und liebevoll restaurierte Cottages prägen *Downalong*, das ehemalige Wohnviertel der Fischer am Hafen. Weiter oben, in *Upalong*, stehen jene langen Häuserzeilen, die früher den Minenarbeitern als Quartier dienten.

Downalong ist heute der von den Touristen geliebte pittoreske Teil der Stadt. Hier kann man wunderbar am Hafen entlangschlendern, der bei Ebbe weitgehend trocken liegt und seine Bedeutung für die Fischerei schon lange verloren hat. Die Geschäfte laden zu einem Einkaufsbummel ein, während die schönsten Fischrestaurants mit ihren Speisekarten zur Einkehr locken. Wer keinen Aufwand betreiben möchte, kauft sich einfach mittags eine Tüte *fish 'n chips* und setzt sich auf eine Bank, nur bitte nicht an vorderster Front des Hafens, denn die Möwen von St. Ives sind gefräßig, frech und zu recht aggressiven Sturzflügen fähig. Sollte Daphne du Maurier womöglich dort die Anregung für ihre von Alfred Hitchcock verfilmte Novelle *Die Vögel* bekommen haben?

Ebenso wie die vielen kleinen Fischerorte an der Südküste besitzt auch St. Ives einen unverkennbaren mediterranen Charakter. In früheren Zeiten unterhielt es sogar wirtschaftliche Beziehungen zum Mittel-

Bed & Breakfast-Pension in St. Ives

The Anchorage
CIRCA 1730
BED AND BREAKFAST
En-Suite Facilities
NO VACANCIES
OPEN ALL YEAR

THE WHARF
POST
OFFICE
POSTCAR 45p

meerraum: Noch im letzten Jahrhundert wurden die cornischen Sardinenfänge nach der Verarbeitung bis in die großen Häfen Südeuropas transportiert. Doch nach dem ebenso plötzlichen wie kaum erklärbaren Ausbleiben der Sardinenschwärme fand dieser einträgliche Handel ein jähes Ende. Viele Fischer verarmten, und mit ihnen die Minenarbeiter, deren Arbeitsstätten eine nach der anderen schlossen. Der Ort versank in einer tiefen Depression.

Dann aber kamen die Künstler.

Bereits im Jahr 1811 unternahm der Maler William Turner eine zweimonatige Reise durch den englischen Süden und Südwesten. In dieser Zeit entstanden die *Picturesque Views of the Southern Coast of England*, vier Skizzenbücher, die auch Ansichten von St. Ives enthalten. Tatsächlich ist das Licht hier von ganz besonders heller und weicher Qualität – für die Malerei eine traumhafte Voraussetzung.

Dem berühmten englischen Maler folgten später viele andere Künstler, wie z.B. James Whistler oder der aus Deutschland stammende Walter Sickert, so mancher Bildhauer, Aquarellist und Töpfer, dazu jede Menge begabter und weniger begabter Traumtänzer – sie alle eroberten nach und nach *Downalong*, bauten Dachböden zu Ateliers um und saßen in den Pubs am Hafen.

Der wahre Aufstieg zur Künstlerkolonie begann um die Jahrhundertwende. Damals wurde der „St. Ives Art Club" gegründet, ein Künstlerverein, zu dessen Mitgliedern u.a. Helen Scott, die Mutter Rosamunde Pilchers, gehörte, während die „Newlyn School of Painting" ihre Impulse aus der Nachbarschaft herübersandte. In den dreißiger Jahren war es dann endgültig geschafft – St. Ives war auch in den großen Galerien Londons und New Yorks ein Begriff. Die Namen von ansässigen Künstlern wie Ben Nicholson und Peter Lanyon standen für einen neuen Aufbruch in der Malerei. Die Bildhauerin Barbara Hepworth, in erster Ehe mit Nicholson verheiratet, hat vielleicht am nachdrücklichsten für das Kunst-Renommee der Stadt gesorgt. Ihr Atelier und ihr traumhafter Garten sind heute als *Hepworth Museum* zu besichtigen, aber auch in der Stadt stößt man überall auf Skulpturen der 1975 verstorbenen Künstlerin.

St. Ives ist stolz auf seine Künstler und Kunsthandwerker, deren Werke in den zahlreichen Galerien der Stadt zu sehen sind. Stolz ist man aber auch auf die 1993 eröffnete *Tate Gallery St. Ives*, eine architektonisch auffällige Dependance der berühmten Londoner Tate Gallery.

Straße in St. Ives

Direkt am oder, besser gesagt, über dem **Porthmeor Beach** gelegen, werden dort vor allem namhafte Künstler Cornwalls ausgestellt. Wohl nirgendwo sonst sind Strand und Museum so eng miteinander verbunden wie hier, wo sich die Wege der Surfer und Kunstliebhaber kreuzen.

Ein Spaziergang durch die romantischen Gassen zwischen Porthmeor Beach und Hafen führt den Besucher wieder mitten in die Welt der Pilcher-Figuren. Vor dem Bogen der Kaimauer zum *Smeaton's Pier*

steht das *Sloop Inn*, ein angeblich seit 1312 existierender Pub, dessen Gaststube vom Kommen und Gehen vieler Künstlergenerationen zeugt. Rosamunde Pilcher wählte diesen Pub als Vorbild für den „Sliding Tackle", dem man in ihren Romanen mehr als einmal begegnet.

Auch sonst kann man in St. Ives vieles aus den Werken der Autorin wiedererkennen. Wer beispielsweise hinter der *Lifeboat Station* in Richtung Bahnstation die engen Gassen hinaufsteigt, die von auffallend schmalen Fischerhäuschen gesäumt sind, der findet hier Bilder wieder, wie sie am Anfang des Romans *Heimkehr* beschrieben sind:

„Nach ein paar Schritten blieb Judith stehen und stützte die Ellenbogen auf eine niedrige Steinmauer, um nach dem steilen Anstieg ein wenig zu verschnaufen. Verschwommen sah sie das Gewirr der Häuser, die sich bis zum dunklen Hafenbecken hinunterzogen, das die Laternen der Hafenstraße wie eine gewundene Halskette umschlossen."

Die vielen Übereinstimmungen zwischen Wirklichkeit und literarischer Fiktion sind natürlich eine ideale Voraussetzung für jede Verfilmung. Kein Wunder also, daß hier zahlreiche Szenen der Pilcher-Filme gedreht wurden. Trotzdem mußte das Drehteam auch oft auf andere Orte ausweichen. So wurden Badeszenen wegen der vielen Neugierigen nicht am Porthmeor-Strand aufgenommen, sondern in einer kilometerweit entfernten, einsamen Bucht. Dreharbeiten während der touristischen Hauptsaison in St. Ives sind nun einmal ein Problem, mit dem sich jeder Regisseur arrangieren muß. In diesen Monaten, so schreibt Rosamunde Pilcher über die Stadt, quellen die Geschäfte über von allen möglichen Waren für Touristen, und die engen Straßen sind mit Autos verstopft. Doch auch während des sommerlichen Trubels findet der Reisende in diesem quirligen Labyrinth viele stille Winkel. Und in den Herbstmonaten kehrt dann wieder beschauliche Ruhe in St. Ives ein.

Pilcher-Freunde sollten sich zwei der schönsten Filmmotive nicht entgehen lassen, die vor allem während der Sommermonate von ganz besonderem Reiz sind. Unterhalb des Bahnhofs, mit Blick auf den *Porthminster Beach* und die Strandkabinen, erhebt sich über der Bucht das *Porthminster Cafe*. Hier wurden nicht nur die Café-Szenen der Filme *Wolken am Horizont* und *Sommer am Meer* gedreht, sondern auch fröhliche Abschlußfeste mit den Schauspielern gefeiert, wenn die Dreharbeiten glücklich beendet waren und alle das Gefühl hatten, ihr Bestes für den Film gegeben zu haben.

Ein Stück oberhalb der Straße nach Lelant erhebt sich auf dem Hügel ein schloßartiges Hotel: *Tregenna Castle*. Umrankt von wildem Wein, mit kleinen Zinnen bestückt, blickt es trutzig über St. Ives. Wer dieses Gebäude sieht, erkennt sofort, daß es sich dabei um das Vorbild für das „Castle Hotel" in den Pilcher-Romanen handelt.

Daher lag es auf der Hand, daß jene Szene, die in dem Roman *Lichterspiele* im „Castle Hotel" spielt, für die filmische Umsetzung tatsächlich im *Tregenna Castle* gedreht wurde, nämlich die Begegnung von

Tregenna Castle in St. Ives: Rosamunde Pilcher nahm es als Vorbild für das „Castle Hotel" in ihren Romanen

Emma Litton (Anja Kling) mit Mrs. Ryan (Belinda Mayne), der künftigen Frau ihres eigensinnigen Künstler-Vaters.

Fiktion und Wirklichkeit – wieder einmal ist man verblüfft, wie detailgetreu Rosamunde Pilcher dieses „Castle Hotel" alias *Tregenna Castle* beschreibt:

„Sie kamen auf die Hauptstraße, immer noch ansteigend, bogen in die Zufahrt zum Hotel Castle ein, fuhren weiter bergauf, zwischen Hortensiensträuchern und landwärts geneigten Ulmen, und gelangten schließlich oben auf dem Hügel auf ein freies Gelände mit Tennisplätzen, Rasenflächen und einem Minigolfplatz. Das Hotel war ein ehemaliges Landhaus und rühmte sich seiner authentischen Atmosphäre. Eine an Pfosten befestigte weiße Kette verhinderte, daß Autos auf den geschwungenen weißen Kiesweg fuhren, und hier saß eine Handvoll abgehärteter Gäste in Liegestühlen, mit Schals, Handschuhen und in Decken gewickelt wie Passagiere auf einem Ozeandampfer."

Tregenna Castle ist eines jener herrlich altmodischen englischen Landhotels mit ausgezeichnetem Golfplatz und Zimmern, die in ihrer verblaßten viktorianischen Pracht durchaus typisch für die Traditionshäuser in Cornwall sind. Man sollte sie so nehmen, wie sie sind, und sich nicht darüber wundern, daß englische Bäder dem modernen Standard gerne etwas hinterherhinken oder daß im großen Speisesaal noch immer ein elektrischer Flügel unbemannt seine Tasten bewegt. Auch das ist Cornwall – traditionsbewußt und stolz.

Wandertip

Vom Parkplatz an der Bahnstation oberhalb des Strandes führt ein Fußweg direkt zum *Tregenna Castle*. Im oberen Teil, nach Überquerung der Hauptstraße, führt er durch ein kleines Tal mit üppiger Vegetation. So kann man, beispielsweise vom Hafen kommend, zum Hotel hinaufgehen, dort gemütlich eine Tasse Tee trinken und dann entweder denselben Weg zurücklaufen oder aber an der Hauptstraße entlang über *The Terrace* wieder die Stadtmitte ansteuern.

Während des Spaziergangs kommt man in Sichtweite am *Talland House* vorbei, das durch die Schriftstellerin Virginia Woolf (1882–1941) bekannt wurde. Nachdem ihr Vater dieses Haus 1882 erworben hatte, verbrachte die Familie in den folgenden Jahren dort die Sommermonate. Später schrieb sie begeistert: „Ich könnte Seiten füllen mit Erinnerungen an die Dinge, die den Sommer in St. Ives zum besten denkbaren Lebensanfang machten."

Später wurde *Talland House* an den Blumenmaler Thomas Millie Dow und seine Frau Florence Pilcher verkauft, deren Enkel Graham mit einer ebenfalls berühmten Schriftstellerin verheiratet ist – Rosamunde Pilcher.

LELANT

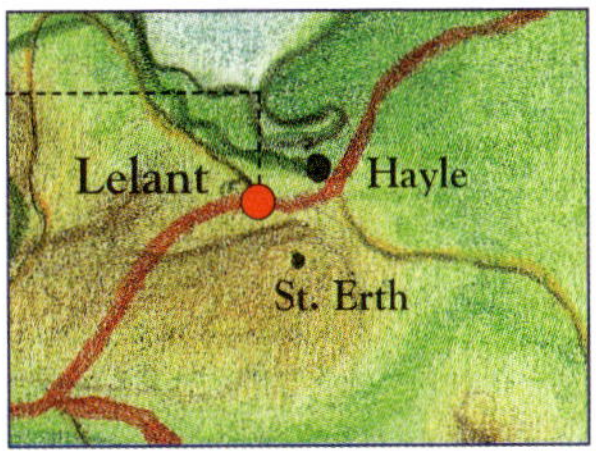

Nur wenige Kilometer südöstlich von St. Ives liegt Lelant. Der Geburtsort von Rosamunde Pilcher – hier kam sie am 22. September 1924 zur Welt – wirkt heutzutage trotz seiner Geschäfte und Pubs ein wenig leblos, kann aber eine respektable Ver-

Die *St. Uny Church* in Lelant

gangenheit als kleiner mittelalterlicher Hafen vorweisen. Die hinter den breiten Sandbänken des Atlantik gelegene Flußmündung ist seit langer Zeit vor allem Marschland und als solches ein geschütztes Vogelparadies.

Dennoch lohnt ein Abstecher nach Lelant, denn zu Ehren der Autorin haben wir auch hier gedreht. Und zwar dort, wo der Ort etwas ganz Besonderes zu bieten hat. Direkt am Eingang der Bucht, hoch über dem Marschland, steht die Kirche *St. Uny*. Sie stammt aus dem 15. Jahrhundert und ist nach einem irischen Mönch benannt, dessen Bruder, der heilige Ia, einst St. Ives gegründet haben soll.

Unmittelbar an den Friedhof der Kirche schließt ein Golfplatz an, eine für unsere Augen seltsam anmutende Kombination. Hier inszenierte Rolf von Sydow für den Film *Wolken am Horizont* die große schicksalhafte Aussprache zwischen Alec Haverstock (Klaus Wildbolz) und seiner jungen Frau Laura (Marijam Agischewa). Während man an diesem Ort den Blick über die riesigen weißen Dünen und Badestrände zwischen **Carbis Bay** und **Godrevy Point** schweifen läßt, spürt man unmittelbar die Kraft des Atlantik.

Rolf von Sydow und seine Frau Susanne, die Cutterin vieler Filme war, zeigten sich von der Lage Lelants so begeistert, daß sie sich für die Dreharbeiten ganz in der Nähe zur Kirche im Dorf einquartierten. Wenn dann zur Besprechung der Filmmusik der meisterhafte englische Komponist Richard Blackford aus London anreiste, konnte es passieren, daß aus einem offenen Fenster des Hauses die romantischen Klänge der neuesten Pilcher-Titelmelodie ertönten und durch Lelants Straßen schwebten …

ST. ERTH

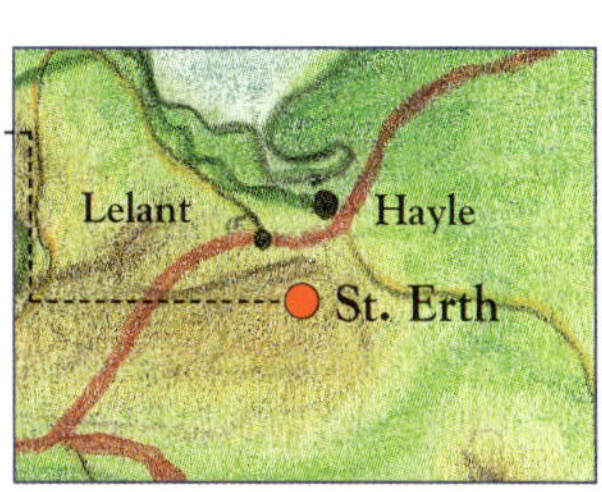

Folgt man von Lelant aus der Landstraße Richtung Penzance, stößt man nach kurzer Zeit auf den Bahnhof von St. Erth, der ein Haltepunkt auf der landschaftlich sehr reizvollen und abwechslungsreichen Bahnstrecke St. Ives – Penzance ist. Die relativ kurze, gemächliche Fahrt von Küste zu Küste sollte zum „Pflichtprogramm“ einer Cornwall-Reise gehören.

Der kleine Bahnhof St. Erth war in vielen Pilcher-Filmen der Ankunfts- und Abreiseort der zumeist weiblichen Hauptfiguren. Um der Wahrheit die Ehre zu geben, soll allerdings nicht verschwiegen werden, daß die *St. Erth Station* im Film attraktiver wirkt, als sie in Wirklichkeit ist. Dennoch ist sie es wert, wenigstens mit einem langen Blick aus dem Zugfenster gebührend beachtet zu werden.

Geheimnisvolle Landschaft und ein Moor

VON PADSTOW INS BODMIN MOOR

Der große Sprung von St. Ives nach **Padstow**, den wir unter Auslassung von Newquay machen, hat seinen guten Grund. Newquay, neben Plymouth der wichtigste Flughafen in Cornwall mit Verbindungen nach London, ist zwar ein beliebtes Ziel des Massentourismus und ein international bekanntes Surferparadies, doch im Vergleich zu anderen Städten, die es zu entdecken gilt, hat es nicht sonderlich viel zu bieten. Wer sich hier einmal mit dem Auto durch den Verkehr gequält hat, wird sich wieder nach den ursprünglichen, „gewachsenen“ Orten sehnen. Auch die in der Umgebung von Newquay gelegenen Küstenstriche erscheinen eher glanzlos und stellen kein lohnenswertes Ziel für Abstecher dar.

Mit Padstow erreichen wir ein Hafenstädtchen in auffälliger Lage. Es ist in die breite Mündung des Flusses Camel eingebettet, dessen Sandbank zugleich den Hafen begrenzt. Mit seinen labyrinthischen kleinen Gassen und malerischen Fischerhäusern strahlt Padstow einen mittelalterlichen Charme aus. Man kann sich gut vorstellen, wie einst die Auswanderer in diesem Hafen Abschied von England nahmen und mit zweifelhaften Seelenverkäufern Kurs auf Amerika nahmen.

Eng mit der Geschichte Padstows verbunden ist auch Sir Walter Raleigh, der im Auftrag von Elisabeth I. Entdeckungs- und Beutefahrten nach Übersee unternahm und 1584 zum Statthalter Cornwalls ernannt wurde. Er residierte am North Quay im *Court House*. Sehenswert ist die Kirche des heiligen Petroc, des Schutzpatrons von Cornwall, der sich hier im 6. Jahrhundert zum erstenmal niederließ. Der Bau stammt aus dem 15. Jahrhundert und ist wie viele alte cornische Kirchen ein wichtiges Wahrzeichen der Christianisierung keltischen Bodens.

PRIDEAUX PLACE

Für die Pilcher-Verfilmungen diente Padstow gleich zweimal als Ausgangspunkt. Beide Male fanden die Dreharbeiten auf einem der schönsten Herrensitze dieser Gegend statt: *Prideaux Place*.

Am nördlichen Stadtrand von Padstow gelegen, zeigt sich *Prideaux Place* zunächst ein wenig militärisch. Das Anwesen ist von Mauern mit kleinen Zinnen umgeben, hinter denen sich die trutzige, fast abweisende Hausfront unter grauem Schieferdach erhebt. Gelangt man jedoch

The Flower Shop
PHOTOGRAPH?
PLEASE MAKE A
DONATION.

auf die Südseite des Gebäudes, wirkt es plözlich viel eleganter und romantischer. Wilder Wein umrankt die hohen weißen Sprossenfenster, und vor der Terrasse erstreckt sich eine weite Rasenfläche.

Genau diese Perspektive war es, die wir für den Film *Das Ende eines Sommers* lange gesucht hatten. Hier offenbarte sich mit einem Mal eine Kulisse, die für die Geschichte um den Landsitz „Elvie", wie ihn Rosamunde Pilcher erfunden hatte, in jeder Hinsicht ideal war. Mit Genehmigung der Familie Prideaux-Brune, die hier in der 14. Generation lebt, konnte nun im Innern und im Park alles so erzählt werden, wie es zwischen Rosamunde Pilcher und der Drehbuchautorin Barbara Engelke abgesprochen worden war. Übrigens liegt Pilchers erfundenes „Elvie" in Schottland, aber wie bei dem Film *Eine besondere Liebe* hatten wir aus drehtechnischen Gründen die Entscheidung getroffen, das Motiv nach Cornwall zu verlegen.

Der Landsitz *Prideaux Place* bei Padstow, der in *Das Ende eines Sommers* „Elvie" heißt

In *Das Ende eines Sommers* gibt es einige emotional aufgeladene Szenen, die ohne das romantische Ambiente von *Prideaux Place* kaum realisierbar gewesen wären. So findet hier das erste Zusammentreffen der in Amerika lebenden Jane Marsh (Iris Junik) mit ihrer unbeugsamen, aber herzlichen Großmutter (Lola Müthel) statt, bei dem Jane erfährt, daß ihr Vater jahrelang die Briefe der Großmutter an die Enkelin unterschlagen hat, um die beiden einander zu entfremden. Hier findet sich eines der literarischen Grundmuster Rosamunde Pilchers wieder: die Heim- oder Rückkehr zu den Ursprüngen der eigenen Herkunft, das Wissen um die unsichtbaren Fäden zwischen Kindheit und Erwachsenenleben.

Dasselbe Thema kennzeichnet auch den Roman *Heimkehr*, für dessen Umsetzung wiederum *Prideaux Place* als Mittelpunkt einer glanzvollen Produktion gewählt wurde. In diesem Film trägt das prächtige

Anwesen den Namen „Dower House“, das Schauplatz für die spätere Rückkehr der weiblichen Hauptfigur Judith (Emily Mortimer) an die Stätten ihrer Kindheit ist. „Dower House“ ist der Landsitz von Tante Lavinia (dargestellt von Anneliese Uhlig, dem berühmten UFA-Star der dreißiger Jahre). Später erbt Judith überraschenderweise das Haus, in dem sie während der Kriegswirren eine neue Heimat findet.

Hausherr Peter Prideaux-Brune war von den Dreharbeiten des ZDF so angetan, daß er für diesen Film Räume zur Verfügung stellte, die der Öffentlichkeit nie zuvor zugänglich waren.

Prideaux Place und seine Gärten sind zu bestimmten Zeiten auch für Besucher geöffnet. Das Ende des 16. Jahrhunderts errichtete Gebäude erhielt sein heutiges Erscheinungsbild Mitte des 18. Jahrhunderts. Die damaligen Umbaumaßnahmen ließ, wie unschwer zu erkennen ist, ein für den Romantizismus und Italien schwärmender Vorfahre der Familie durchführen. Der im elisabethanischen Stil gestaltete *Dining Room* beeindruckt ebenso wie die Einrichtung von *Morning Room*, *Drawing Room*, *Great Chamber* und Bibliothek. Wertvolle Gemälde und Möbel zeugen von der Sammelleidenschaft alter englischer Familien. Überall ist spürbar, daß sich das Haus bis heute in Privatbesitz befindet.

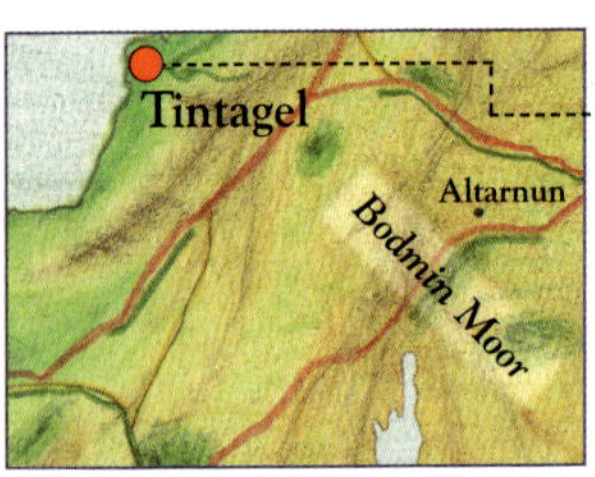

TINTAGEL

Rund zwanzig Kilometer in nordöstlicher Richtung von Padstow entfernt, bietet sich für Kenner der Artus-Sage die Gelegenheit, die berühmte Burg des tapferen, gegen die Angelsachsen kämpfenden King Arthur zu besichtigen.

Das winzige Dorf Tintagel wurde vor allem durch den Dichter Alfred Tennyson bekannt, der 1859 in seinem Werk *The Idylls of the King* die hiesigen Burgreste als *Tintagel Castle* und Tintagel als Geburtsort des Helden benannte, obwohl er längst nicht der erste war, der hier Spuren des berühmten Königs vermutete.

Heute wissen die Archäologen und Historiker mehr. Die Überreste der Burg stammen wahrscheinlich aus dem 12. Jahrhundert, was natürlich nicht ausschließt, daß unter ihnen noch ältere Geheimnisse verborgen liegen. Schließlich sind im Umkreis viele ältere Siedlungsreste gefunden worden.

Vom Dorf Tintagel aus gelangt man über einen Pfad zu den Steinstufen, die zu der auf einem Felsen gelegenen Burgruine hochführen. Wind und Wetter ausgesetzt, ist von dem *Castle* nicht mehr viel übriggeblieben, aber der etwas mühsame Aufstieg wird auf jeden Fall mit einer grandiosen Aussicht belohnt.

Nach der Rückkehr in den Ort sollte man es nicht versäumen, dem aus dem 14. Jahrhundert stammenden *Post Office* einen Besuch abzustatten, das einst das abgeschiedene Tintagel mit der Außenwelt verband.

Einer der stilvoll eingerichteten Räume des *Prideaux Place*

Auch ein Abstecher ins benachbarte **Boscastle** ist lohnenswert. Das pittoreske Hafendorf liegt in einer schmalen, fjordartigen Bucht. Wer seine Nerven etwas strapazieren möchte, kann dort das Hexenmuseum *(Museum of Witchcraft)* besichtigen und sich anschließend im *Napoleon Inn*, einem erlebenswerten Pub, wieder stärken.

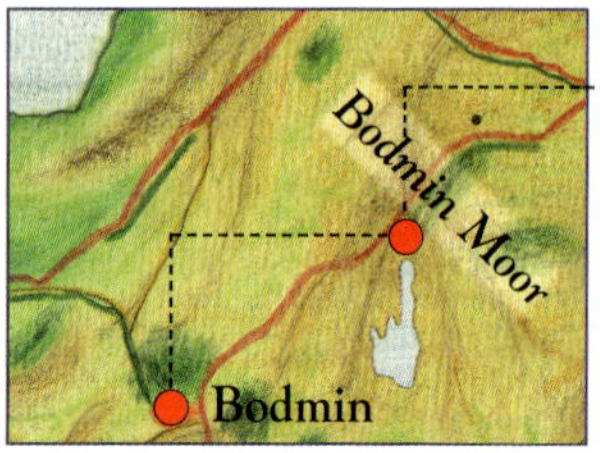

BODMIN und BODMIN MOOR

Die 12.000 Einwohner zählende Stadt Bodmin liegt am Rande eines etwa vierhundert Quadratkilometer großen Moorgebietes. Ihre Anfänge reichen ins 6. Jahrhundert zurück, als hier der heilige Petroc ein Kloster gründete. Schon bald erhielt Bodmin als erste Gemeinde Cornwalls das Marktrecht. Die nicht zuletzt wegen ihres Taufbeckens sehenswerte *St. Petroc Church* stammt aus dem 15. Jahrhundert und ist die größte cornische Kirche. Die freundliche Stadt wartet mit vielen touristischen Angeboten auf und bietet sich als Ausgangspunkt für die Erkundung der endlos scheinenden Moorlandschaft an.

Abseits der ausgewiesenen Wege sollte man die Moore besser nicht erwandern, da die Landschaft zu unberechenbar ist. Aber auch schon bei der Durchquerung auf der A 30 zwischen Bodmin und **Launceston** (in nordöstlicher Richtung) erkennt man vom Auto aus, was den magischen Charakter des Bodmin Moors ausmacht: unberührte, endlose Einsamkeit, gräserne, steppenartige Flächen, die nur vereinzelt unterbrochen werden von den *Tors*, natürlichen Türmen aus Granitplatten, die wie Wächter aus der Öde hervorragen. Hier und dort zeugen Findlinge und Steinzirkel von der keltischen Vergangenheit Cornwalls. An nebeligen Tagen wirkt diese Landschaft noch mysteriöser, noch stiller.

Im Norden stößt man zwischen einigen anderen Hügeln auf die höchste Erhebung Cornwalls, den fast 500 Meter hohen **Brown Willy**. Hier tragen die Moore so bezeichnende Namen wie **Lower Moors** und **High Moors**.

Der Süden des Bodmin Moors unterhalb der A 30 läßt sich von **Bolventor** aus erkunden. Dort stößt man auch auf das berühmte *Jamaica Inn*, bekannt durch Daphne du Mauriers gleichnamigen Roman. Heutzutage wird die ehemalige Schmugglerspelunke vor allem von Touristen frequentiert, denen man ein ordentliches Essen serviert. Viele brechen von hier aus auf zum **Colliford Lake** oder dem geheimnisvoll-romantischen **Dozmary Pool**, auf dessen Grund Exkalibur, das sagenhafte Schwert König Arturs, liegen soll.

In den Romanen Rosamunde Pilchers spielen diese Moore nur eine untergeordnete Rolle, sie gehören aber auf jeden Fall zum „Gesamterlebnis“ der cornischen Landschaft. Deshalb werden auch hier in Zukunft Dreharbeiten für die Pilcher-Reihe stattfinden.

Das *Pencarrow House*, westlich von Wadebridge

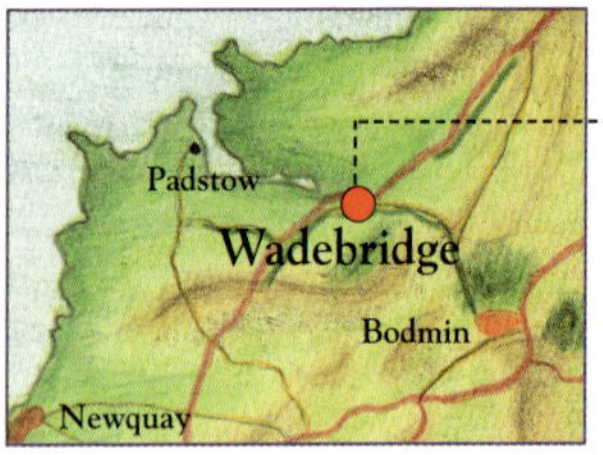

PENCARROW HOUSE & GARDENS

Ein typisches Countryhouse des gehobenen Stils ist *Pencarrow*. Es liegt an der A 389 Richtung Wadebridge, eingebettet in ein großes Gelände, das Wälder, Wiesen und Gartenanlagen umfaßt.

Auch *Pencarrow House* ist – wie *Prideaux Place* – noch immer im Besitz der Familie, die es erbaute. Das recht bodenständig wirkende Gebäude wurde im 18. Jahrhundert errichtet und ist mit kostbaren georgianischen Interieurs ausgestattet, wie etwa der holzgetäfelten Bibliothek, in der wertvolle alte Gemälde hängen. Die Anlage lädt zu einem erholsamen Streifzug durch zwei Jahrhunderte englischer Landschaftsarchitektur ein, wobei mit Stolz vermerkt wird, daß hier vor allem cornisch-viktorianische Gartenkunst zu sehen ist. Ein See und ein Eishaus gehören zu den weiteren Attraktionen des Anwesens.

Ebenfalls typisch englisch ist die ausdrückliche Einladung, Hunde mitzubringen, der Reisende aus Deutschland allerdings kaum nachkommen werden, solange Großbritannien an seinen Quarantänebestimmungen festhält.

LANHYDROCK HOUSE

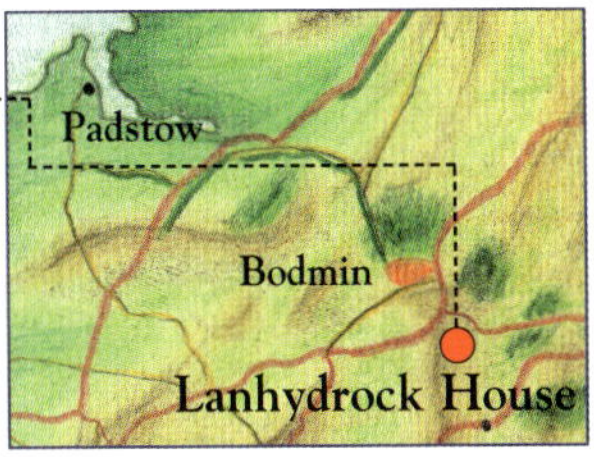

Sehr viel pompöser wirkt dagegen das *Lanhydrock House*, das man von Bodmin aus auf der Straße Richtung Lostwithiel nach vier Kilometern erreicht. Das Anwesen steht unter der Verwaltung des National Trust und ist dementsprechend gut ausgeschildert und in einem vorbildlichen Zustand.

Der von zwei Seitenflügeln flankierte herrschaftliche Bau aus dem 17. Jahrhundert liegt inmitten einer riesigen Parkanlage. Er wurde von Lord Robartes errichtet und weist einschließlich der kleinen spitzen Türmchen alle Stilmerkmale der Tudor-Zeit auf. Bei einem Brand im Jahr 1881 wurde fast das gesamte Gebäude zerstört. Nur das Torhaus, durch das man auch heute noch hindurchschreitet, und der Nordflügel blieben von den Flammen verschont.

Ruft schon die Außenfassade bei den meisten Besuchern Bewunderung hervor, so gilt dies erst recht für das Innere des Hauses, in dem 49 zum Teil sehr prachtvolle Räume besichtigt werden können. Die Küche, die *Long Gallery*, die *Nursery* und die vielen anderen Zimmer gewähren interessante Einblicke in die viktorianische Wohnkultur.

Auf jeden Fall sollte ein Spaziergang durch den Wald, die Gärten und das herrliche Parkgelände um *Lanhydrock House* auf dem Programm stehen. Gepflegte Wege führen durch farbenprächtige Pflanzungen, zu denen Magnolien und Rhododendren ebenso gehören wie kunstvoll gestutzte Hecken. Ganz auf die verschiedenen Bedürfnisse der Besucher eingestellt, gibt es Babytragen, Führer in Blindenschrift, Picknickplätze, ein Restaurant, und Blumenfreunde können hier sogar Pflanzen erwerben. An alles ist gedacht, ohne daß die Anlage deshalb wie ein Rummelplatz wirkt. Trotzdem empfiehlt es sich, insbesondere im Sommer an einem Wochentag herzukommen. Während der Hauptsaison finden auf Lanhydrock House übrigens auch Kulturveranstaltungen wie Konzerte, Ausstellungen und Theateraufführungen statt.

Steine, Nebel und wilde Pferde

VON TAVISTOCK INS DARTMOOR

Nachdem wir bei Launceston das Bodmin Moor hinter uns gelassen haben, überqueren wir zu Beginn unserer letzten Etappe ein zweites Mal den Fluß Tamar. Damit passieren wir zugleich die Grenze von Cornwall nach Devon und befinden uns genaugenommen nicht mehr im geographischen Herzstück der Welt Rosamunde Pilchers. Trotzdem wurden auch hier einige Orte für die Romanverfilmungen ausgewählt. Und da Devon dem Reisenden einiges zu bieten hat, möchten wir auch eingefleischte Cornwall-Fans zu einem Ausflug in diese Grafschaft animieren.

Die Regisseure stehen bei jedem neuen Film vor der Aufgabe, dem Zuschauer noch nicht bekannte, unverbrauchte Eindrücke der großen Landschaften und Orte Südwestenglands zu bieten. Zu diesen gehört zweifellos das **Dartmoor** mit den am Rand gelegenen Städten **Tavistock** und **Buckfastleigh**.

Tavistock ist eine Gemeinde mit einer langen und reichen Vergangenheit. Aus der Gründung einer Benediktinerabtei hervorgegangen, florierte hier über Jahrhunderte der Handel mit Wolle und Stoffen sowie der Zinn- und Kupferabbau und machte die Dukes of Bedford, die früher die Stadt beherrschten, zu vermögenden Männern. Ihr Reichtum und ihr Geschmack haben Tavistock nachhaltig beeinflußt. Vor allem die städtebaulichen Vorstellungen des 7. Duke haben unverkennbar das Erscheinungsbild des Ortes geprägt.

Die Stadt ist sehr lebendig, ihre vielen Restaurants und Pubs zeugen davon, daß Gastlichkeit hier großgeschrieben wird, und sie läßt vor allem Shoppingfreunde auf ihre Kosten kommen. Jeden Freitag findet hier der *Pannier Market* statt, der eine gute Gelegenheit bietet, den eigenwilligen Menschenschlag des Dartmoors kennenzulernen.

Für die Verfilmung *Eine besondere Liebe* war Regisseur Peter Deutsch vor allem deshalb nach Tavistock gekommen, weil er weit und breit kein besseres Motiv als das hiesige *Kelly College* finden konnte, um die in einer Universität spielenden Szenen dieser Geschichte zu drehen.

Die Schauspieler Gaby Dohm und Christian Wolff verkörpern in diesem altehrwürdigen Ambiente ein wahrhaft besonderes Paar. Zwischen Bibliothek und Collegehof spielen die beiden ihre von Konflikten zerrissenen Figuren mit großer Glaubwürdigkeit. Als visuelles Element vermittelt die erhabene Architektur, warum die Liebe zwischen den Bibliothekaren Isobel Cameron und Henry Payson vom Alltag in den Hallen buchstäblich erdrückt wird.

Straße in Tavistock

Tavistock Pannier Market
MARKET OPEN TODAY
FOLK DANCE FESTIVAL
THIS SATURDAY

CLUB.

Die Wohnung des Henry Payson war in der Nähe des Colleges angesiedelt, so daß Hauptdarsteller Christian Wolff voller Begeisterung das wirkliche College-Leben der Studenten und Lehrer aus nächster Nähe miterlebte.

So stand nicht nur für den Regisseur am Ende der Dreharbeiten fest, daß sich die Reise nach Tavistock gelohnt hatte. Die geheimnisumwitterte Landschaft des Dartmoors, verbunden mit dem städtischen Treiben Tavistocks, hatte jeden in ihren Bann gezogen.

DARTMOOR

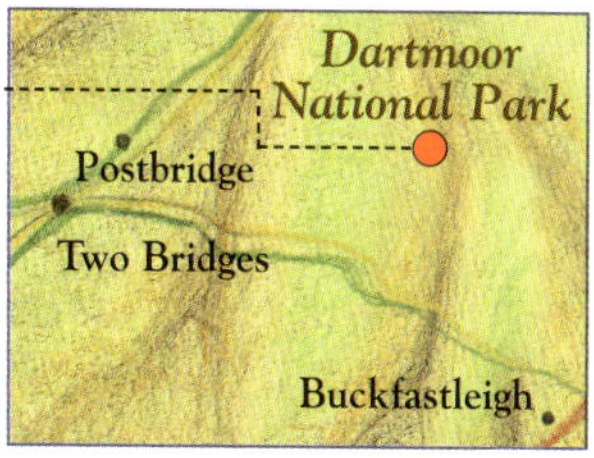

Was das Bodmin Moor im kleinen ist, bietet Dartmoor, wenn auch mit völlig anderem Charakter, auf mehr als doppelt so großer Fläche: Natur pur – einsam, rauh und unberechenbar. Innerhalb des Nationalparks geschützt, gibt es natürlich auch hier große Moore, wie wir sie uns vorstellen, dicke Torfschichten und sumpfige Wiesen; doch eigentlich ist Dartmoor vor allem ein Land der Felsen, Hügel und Heide.

Fast bedrohlich erheben sich darin die *Tors*, jene schon aus dem Bodmin Moor bekannten naturgeformten Granitfelsen, die aussehen, als seien sie von menschlichen Giganten bearbeitet worden. Die mit über 600 Meter höchsten Erhebungen sind **Yes Tor** und **High Willhays**, ein anderes typisches Beispiel ist das nördlich von **Tavistock** gelegene und gut zu erreichende **Brent Tor**.

Hier entstand auch eine Szene für die Produktion *Das Ende eines Sommers*. In ihr reiten die junge Jane (Iris Junik) und der egoistische, berechnende Sinclair (Diego Wallraff) gemeinsam aus und klettern auf den Felsen von Brent Tor.

Nach wie vor ist es nicht ungefährlich, im Dartmoor unterwegs zu sein. Das Wetter kann blitzschnell umschlagen, innerhalb von nur wenigen Minuten sind die Moore und Wiesen plötzlich in undurchdringlichen Nebel getaucht. Im Nu verliert man die Orientierung, weil weder Wege noch Bäume zu erkennen sind. Kein Wunder, daß Arthur Conan Doyle hier 1901 seine Anregungen für den Kriminalroman *Der Hund von Baskerville* bekam. Bei dieser Gelegenheit lernte er übrigens auch das gefürchtete „Dartmoor-Gefängnis“ bei **Princetown** kennen.

Der Alltag der Torfstecher und Einsiedler im Dartmoor war früher hart und voller Gefahren. In dieser Landschaft bekam der Aberglaube um Hexen und Moorgespenster reichlich Nahrung. Auch Schriftsteller wie Agatha Christie und Edgar Wallace haben den Nimbus des Unheimlichen und Gefährlichen für ihre Krimis genutzt.

Wenn es nicht gerade regnet – und das tut es oft im Dartmoor –, kann der Blick über blühende Heide, Farne und Gehölze von nichts mehr übertroffen werden. Hat man dann noch das Glück, eine Herde struppiger Wildpferde zu sehen, weiß man, warum dieses Moor zu den ungewöhnlichsten Landschaften der Welt gezählt wird.

Noch zwei andere Orte an der südöstlichen Flanke des Dartmoors wollen wir als kleine Zwischenstops ansteuern: **Buckfastleigh** und ganz in der Nähe des Ortes die *Buckfast Abbey*. Die Kirche dieser intakten Benediktinerabtei wurde in diesem Jahrhundert in 32 Jahren von

Das Brent Tor im Norden von Tavistock, wo eine Szene für den Film *Das Ende eines Sommers* entstand

nur vier Mönchen errichtet. Bei einem Rundgang durch das Kloster bekommt der Besucher einen interessanten Einblick in das heutige Leben der Ordensbrüder.

In **Buckfastleigh** steht ein Cottage, das ebenfalls in dem Film *Das Ende eines Sommers* eine Rolle spielte. Es ist das Haus des jungen Anwalts David Stewart (Ralf Lindermann), der am Schluß des Films in einem wunderbaren Crescendo das Herz der geliebten Jane erobert. Leider ist das Cottage Besuchern nicht zugänglich, wohl aber kann man in der direkten Umgebung des Ortes die Dartmoor-Atmosphäre des Films wiedererkennen.

Keine Frage, auch Dartmoor wird das Herz der Reisenden erobern. Allerdings sollte man genügend Zeit mitbringen, um die vielen unterschiedlichen Eindrücke auf sich wirken lassen zu können. Fast ein Muß ist **Exeter** mit seiner beeindruckenden Kathedrale, man sollte in die alten Gasthäuser einkehren und immer wieder die Einzigartigkeit der Moorlandschaft genießen. Wer sich darauf einläßt, dem wird sich ein weiteres spannendes Kapitel Südenglands eröffnen.

Doch unsere Reise soll nun mit einer Unterbrechung wieder nach Plymouth zurückführen. Wir verlassen Buckfastleigh deshalb in südlicher Richtung, nehmen die A 3121 und später die A 379 Richtung Yealmpton. Auf der Strecke zwischen **Yealmpton** und **Brixton** taucht dann ein Schild auf, das zum *Kitley House* weist.

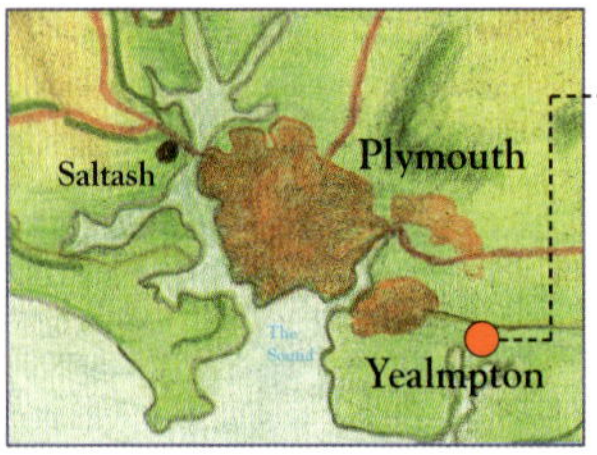

KITLEY HOUSE

Schon die lange Auffahrt zum Herrensitz und Hotel *Kitley House* in **Yealmpton** ist wie aus einem Bilderbuch. Auf einer von hohen Bäumen gesäumten Allee, vorbei an weißumzäunten Pferdekoppeln, nähert man sich gemächlich dem vornehmen silbergrauen Gebäude und seinem Park.

Kein Wunder, daß dieses Haus bei der Motivsuche für den Film *Wind der Hoffnung* sofort favorisiert wurde: Hier hatte man endlich einen Drehort gefunden, der zugleich als Unterkunft dienen konnte – kein unwesentliches Kriterium, wenn man bedenkt, daß für eine Verfilmung mehrere Schauplätze aufgesucht und dort jedesmal für die Unterbringung des immerhin etwa dreißigköpfigen Teams gesorgt werden muß.

Kitley House bot darüber hinaus einen weiteren Vorzug: Wir konnten nicht nur seine Räumlichkeiten für verschiedene Einstellungen nutzen, sondern fanden auch in der unmittelbaren Umgebung einige geeignete Motive. Die weite Landschaft um das Anwesen, die Koppeln und Wiesen von Yealmpton, sind in vielen Außenaufnahmen dokumentiert.

Das heutige Erscheinungsbild des Hauses stammt aus dem Jahr 1820. Sein nobles Interieur macht den Besucher sogleich mit der luxuriösen Variante des Landlebens vertraut. Hier fühlt sich auch der Hotelgast wie ein Lord, wenn er an den hohen französischen Fenstern sitzend über den Park blickt und seinen Drink nimmt.

Die ehemalige Bibliothek ist heute Aufenthaltsraum und Restaurant. Wände und Decken sind in Bordeauxrot gehalten, und Marmor-

Das *Kitley House* in Yealmpton bot eine imposante Kulisse für Szenen in *Wind der Hoffnung*

Innenansicht des *Kitley House*

säulen umgrenzen das große Fenster. Überall stehen alte Bücher, hängen Bilder mit Jagdmotiven.

Hier im Erdgeschoß, wo auch der Nachmittagstee serviert wird, entstand unter anderem eine wichtige Szene mit Lara Joy Körner in der Rolle der verliebten Vicky und Patrik Fichte als angeberischer Londoner Immobilienmakler Philipp. Vicky versucht mit neuer Frisur und neuem Outfit ihr Leben als Landmädchen vergessen zu machen und plant nun mit Philipp ein gemeinsames Leben. Das Ambiente hätte perfekter nicht sein können.

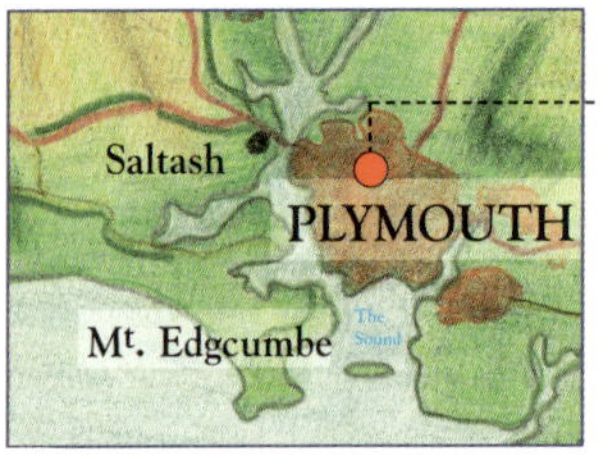

UND WIEDER PLYMOUTH …

Mit der Rückkehr nach Plymouth gelangen wir wieder an den Ausgangspunkt unserer Rundreise durch Cornwall. Vielen mag die Großstadt nach einsamen Wanderungen an der Südküste und dem

Besuch kleiner verträumter Fischerdörfer jetzt noch abweisender erscheinen. Aber dafür werden sicher all die unterwegs gewonnenen Eindrücke entschädigen.

Jeder wird nach dieser Reise durch die abwechslungsreiche Landschaft Cornwalls eine neue Sichtweise auf das Land Rosamunde Pilchers gewonnen haben. Wer selbst einmal den stürmischen Wind, Sonne und Wolken am Lizard erlebt hat, wird sich in die Schilderungen dieser Autorin noch mehr einfühlen können.

Rosamunde Pilcher und die in Worte gefaßte einzigartige Natur Cornwalls gehören untrennbar zusammen. In zahlreichen Passagen ihrer Werke führt die Autorin dem Leser die Küste mit ihren Buchten und Stränden, das Meer, hügelige Wiesen und das faszinierende Hochmoor Cornwalls vor Augen. Dazu kommen genaue und stimmungsvolle Beschreibungen kleiner ursprünglicher Dörfer, bunter reetgedeckter Cottages und winziger Häfen, die diese wundervolle Grafschaft in Pilchers Romanen und Erzählungen lebendig werden lassen.

Ein wesentlicher Erfolg der Verfilmungen dieser Werke liegt zweifellos darin begründet, daß hier mit meisterhafter Fotografie das unverfälschte Naturerlebnis wiedergegeben wird. Da dem Zuschauer immer wieder neue Motive und Szenerien geboten werden sollten, waren die Drehorte über ganz Cornwall verstreut, von der Küste bis zur alten Zinnmine, vom verwunschenen Garten bis zu den Zentren der Städte. Viele dieser Schauplätze haben wir während unserer Reise aufgesucht und damit zugleich die Vielfalt der cornischen Regionen kennengelernt. Nicht alle Motive ließen sich verraten; manches Privathaus will weiterhin unentdeckt bleiben, was man selbstverständlich respektieren sollte.

Ein Geheimnis Cornwalls ist, daß es sich trotz des verhältnismäßig gleichbleibenden Klimas zu jeder Jahreszeit anders präsentiert. Die meisten werden sicher den Spätfrühling und die Sommermonate für eine Reise wählen. Aber auch später im Jahr ist die Grafschaft ein überaus lohnendes Ziel. Denn wenn die Hochsaison der Badeurlauber vorbei ist und die Sportboote der wohlhabenden Londoner wieder von den Kaimauern der Häfen verschwinden, kehrt eine tiefe Ruhe über das grüne Land, in der es auch jetzt wieder viel zu entdecken gibt ...

„Gehen wir doch los und finden es heraus“, sagt Jeremy Wells am Ende des Romans *Heimkehr*.

Und er hat recht.

ALLGEMEINE REISETIPS UND WISSENSWERTES

TOURISTENINFORMATIONEN

Kostenlose Broschüren und Informationen sind über folgende Adressen erhältlich:

In Deutschland:
VisitBritain
Urlaubsservice Großbritannien
Hackescher Markt 1
10178 Berlin
✆ 0 18 01-46 86 42
Fax: 0 30-31 57 19 10
E-Mail:
gb-info@visitbritain.org

In Österreich:
Britain Visitor Centre
c/o British Council
Siebensterngasse 21
1070 Wien
✆ 0800-15 01 70
Fax: 01-5 33 26 16 85
E-Mail:
a-info@visitbritain.org

In der Schweiz:
VisitBritain
Britisches Verkehrsbüro
Badenerstr. 21
8004 Zürich
✆ 08 44-00 70 07
Fax: 0 43-3 22 20 00
E-Mail:
ch-info@visitbritain.org

Internet: www.visitbritain.com

Außerdem gibt es in vielen Orten Tourist Information Centres, deren Telefonnummern im Teil „Tips und Adressen zu den Etappen“ (S. 140) aufgeführt sind.

KARTENMATERIAL

Da Cornwall recht klein ist, sollten Karten benutzt werden, mit denen man die teilweise versteckt liegenden Sehenswürdigkeiten auch finden kann. In Karten mit zu großem Maßstab sind viele wichtige Seitenstraßen nicht eingezeichnet. Bewährt hat sich ein Kartenmaßstab von mindestens 1:50.000. Die Autoren empfehlen die Karten *Ordnance Survey / Landranger* Nr. 190, 191, 200, 201, 202, 203, 204.
Wanderführer mit Detailkarten, ausführlichen Wegbeschreibungen sowie Tips zu Sehenswürdigkeiten und Einkehrmöglichkeiten erhält man in Reisebuchläden und natürlich vor Ort.

OHNE AUTO UNTERWEGS

Zugegebenermaßen ist ein Auto das ideale Fortbewegungsmittel für eine Reise durch Cornwall, da viele Sehenswürdigkeiten fernab der größeren Orte und Hauptverkehrswege liegen. Trotzdem möchten wir für alle, die nicht über ein Auto verfügen oder aber ohne Fahrzeug unterwegs sein möchten, einige Reisemöglichkeiten vorstellen.

Studien- und Busrundreisen

Viele Reiseunternehmen bieten Rundreisen durch ganz Südengland sowie speziell durch Devon und Cornwall an. Hier eine Auswahl:
DERTOUR (www.dertour.de), Studiosus (www.studiosus.com), Heideker Reisen (www.heideker.de), CTS Gruppen- und Studienreisen (www.cts-reisen.de), Elk Tours (www.elktours.de), Ulrike Kocher Reisen (www.uk-gartenreisen.de), British Travel Company (www.btco.de).

Zugverbindungen

National Rail: Info-✆: +44-20 72 78 52 40; www.nationalrail.co.uk
Folgende Internetseiten sind für die Reiseplanung ebenfalls hilfreich: www.pti.org.uk und www.traveline.org.uk
www.carfreedaysout.com (für Devon und Cornwall)

Tamar Valley Line von Plymouth nach Gunnislake. Fahrtdauer: ca. 50 Minuten.
Looe Valley Line von Liskeard nach Looe. Fahrtdauer: ca. 25 Minuten.
Maritime Line von Truro nach Falmouth. Fahrtdauer: ca. 25 Minuten.
Atlantic Coast Line von Par nach Newquay. Fahrtdauer: ca. 50 Minuten.
St. Ives Bay Line von Penzance über Marazion und Lelant nach St. Ives. Fahrtdauer: ca. 20 Minuten.

Busverbindungen

Truronian Busgesellschaft: ✆ 0 18 72-27 34 53, www.truronian.co.uk
Die Linien T1 (Perranporth–Lizard), T2 (Helston–St. Keverne), T4 (Falmouth–Treba–Helston), T7 (Gwennap–Truro–Feock) verkehren zwischen 5- und 9mal täglich.

First Western National Busgesellschaft: ✆ 0 84 53-30 71 82; www.firstgreatwestern.co.uk
27 Buslinien verbinden alle wichtigen Orte und Sehenswürdigkeiten miteinander. Sie verkehren von einmal täglich bis viertelstündlich. Die meisten Linien haben Anschluß zum South West Coast Path. Bei einigen Linien gilt das Zugticket auch für die Busfahrt.

Zehn Tage Cornwall ohne Auto

In zehn Tagen können Sie als Individualreisende auch ohne Auto die schönsten Ortschaften, Küstenabschnitte, Herrenhäuser, Schlösser und Parks kennenlernen. Für ein echtes Cornwall-Erlebnis empfiehlt es sich, in den hübschen Städten Penzance und St. Ives jeweils fünf Tage zu übernachten. Beide Orte bieten dem Urlauber zahlreiche Möglichkeiten und sind zugleich ideale Ausgangspunkte, um die Vielfalt der cornischen Landschaft zu erkunden.

1. bis 5. Tag: Penzance
Fahren Sie mit dem Zug von London oder Plymouth aus nach Penzance. Von hier aus können Sie mit den öffentlichen Verkehrsmitteln Ausflüge in die Umgebung unternehmen.

Ausflugsmöglichkeiten mit dem Bus:
- über Porthcurno nach Land's End
- über Marazion und Porthleven nach Falmouth
- über Newlyn bis zur Lamorna Cove
- über Newlyn nach Mousehole
- über Newbridge nach St. Just
- über Hayle, Cambourne und Redruth nach Truro

6. bis 10. Tag: St. Ives
Von Penzance aus fahren Sie mit dem Zug oder dem Bus nach St. Ives. Abgesehen von den zahlreichen Sehenswürdigkeiten, die St. Ives zu bieten hat, können Sie auch von hier aus mit Bussen die umliegende Region kennenlernen.

Ausflugsmöglichkeiten:
- über Gunnard's Head, Pendeen und St. Just nach Land's End
- über Hayle und Helston nach Gweek am Helford River (von Helston aus fährt ein Bus über Mullion nach Lizard)

ÜBERNACHTEN

Im anschließenden Adreßteil werden einige Hotels, Pensionen und Bed & Breakfast-Unterkünfte entlang der Reiseroute empfohlen. Hier sei noch auf zwei andere Übernachtungsmöglichkeiten hingewiesen.

Self-Catering

Das Self-Catering ist neben Bed & Breakfast eine weitere Alternative, günstig zu übernachten. Der Urlauber kann entweder eine Wohnung oder eines der zauberhaften typisch cornischen Cottages mieten. Über den *West Country Tourist Board* in Exeter (✆ 08 70-4 42 08 80; www.westcountrynow.com) erhalten Sie kostenlos ausführliche Broschüren über das Angebot an Self-Catering und Bed & Breakfast in Cornwall und Devon. Das Fremdenverkehrsbüro VisitBritain (www.visitbritain.com) verschickt ebenfalls Infomaterial.

Camping und Caravanning

In Cornwall gibt es eine Reihe traumhaft gelegener Campingplätze, von denen viele mit Sportanlagen, Swimmingpools und anderen Freizeiteinrichtungen ausgestattet sind. Eine kostenlose Broschüre mit detaillierten Beschreibungen und Kategorisierungen aller Campingplätze erhalten Sie beim *Cornwall Tourist Board* in Truro (✆ 0 18 72-32 29 00; www.cornwalltouristboard.co.uk). Auch VisitBritain (www.visitbritain.com) informiert über Caravan- und Campingplätze.

KLIMA

Dank des milden Golfstromklimas herrschen in Cornwall das ganze Jahr hindurch gemäßigte Temperaturen. Die beste Reisezeit ist zweifellos Mai bis September, wenn es nicht so häufig regnet und die Blütenpracht in den Gärten und Parks besonders schön ist. Im übrigen gilt: Es gibt kein schlechtes Wetter, sondern nur schlechte Kleidung.

CORNWALL	Tag in C°	Nacht in C°	Sonne h/Tag	Regentage	Wasser in C°
Januar	8,2	4,1	1,9	19	9
Februar	8,1	3,5	3,3	15	9
März	10,1	4,6	4,2	14	9
April	12,3	6,1	6,5	12	9
Mai	15,1	8,4	7,5	12	11
Juni	17,1	11,3	7,4	12	13
Juli	19,0	13,0	6,7	14	15
August	19,3	13,0	6,2	14	16
September	17,7	11,7	5,2	15	15
Oktober	14,6	9,2	3,7	16	14
November	11,3	6,6	2,2	17	12
Dezember	9,2	5,1	1,5	18	11

CORNISCHE SPEZIALITÄTEN

Cornish Pasties

Diese traditionelle Spezialität verdankt man dem Erfindungsreichtum der cornischen Frauen. Sie bereiteten für ihre Männer, die in den Minen hart arbeiten mußten, eine Speise zu, die sättigend und zugleich praktisch zu verzehren ist. Bei der Pasty handelt es sich um eine handliche Teigtasche, die mit Gemüse und Rindfleischstücken gefüllt ist. So hatten die Arbeiter eine kräftigende Mahlzeit, die sie auch ohne Besteck essen konnten. Noch heute werden überall in Cornwall Pasties mit den verschiedensten Füllungen preiswert angeboten. Nicht nur der Wanderer wird sie als willkommenen Imbiß für zwischendurch schätzen.

English Breakfast

Da viele Cornwall-Reisende oft den ganzen Tag unterwegs sind, sollten sie sich am Morgen mit einem üppigen englischen Frühstück stärken, wie es in allen Pensionen und Hotels angeboten wird. Dieses regelrechte Menü beginnt mit *cereals*, d.h. verschiedenen Müsli- und Cornflakes-Sorten mit Milch. Dann folgt der warme Teil: Rühreier, Schinken, Würstchen und gegrillte Tomaten. Abschließend werden Toastbrot und Marmelade serviert. Dazu gibt es Tee, Kaffee und Fruchtsäfte aller Art. Nach diesem Frühstück ist man meist satt bis zum späten Nachmittag.

Fische und Meeresfrüchte

In jedem Fischerort fahren täglich Boote hinaus und kommen mit reichhaltigem Fang an Krabben, Hummer und Schellfisch zurück. Austern werden in den Flüssen Fal und Helford River gezüchtet. In ganz Cornwall findet man Restaurants, die frischen Fisch anbieten. Eine typische cornische Spezialität ist der *Starry Gazey Pie*, eine Pastete, aus deren Kruste ein Dutzend Sardinenköpfe ragt.

Cornish Cream Tea

Eine heftig diskutierte und nach wie vor ungelöste Frage ist die, ob zu der speziellen cornischen *clotted cream* (dicker Rahm) ein Löffel Marmelade hinzugetan werden muß oder ob umgekehrt zur Marmelade die Creme gehört. Wie dem auch sei, in Cornwall werden zum Tee Gebäck und eben diese Kombination gereicht. Ein klassischer Kuchen ist der *Saffron Cake*, ein Safrankuchen, der immer gelb ist, aber im Geschmack variiert.

NATIONAL TRUST

Im Jahr 1895 gründeten eine Sozialarbeiterin, ein Notar und ein Pfarrer den National Trust, eine gemeinnützige Stiftung, die heute der größte Grundbesitzer Großbritanniens und eine einflußreiche Organisation ist. Dem National Trust gehören mehr als 248.000 Hektar Land, rund 200 Schlösser, Burgen und Häuser, 650 archäologische Denkmäler, 50 Dörfer, 11 Parks, 36 Kirchen und 1200 Bauernhöfe.

Historisch wichtige Objekte, deren Besitzer sich aus finanziellen Gründen nicht mehr um den Erhalt oder die Instandsetzung kümmern können, werden vom National Trust aufgekauft und verwaltet. Die Besitzer können zwar weiterhin auf ihrem Landsitz wohnen, müssen jedoch ihr Grundstück der Öffentlichkeit zugänglich machen. Da der National Trust immer auf staatliche Unabhängigkeit bedacht war, finanziert er sich seit seiner Gründung aus Mitgliedsbeiträgen, Hinterlassenschaften und Spenden. Heute tragen mehr als zwei Millionen Mitglieder aus aller Welt mit ihren Beiträgen zum Erhalt der faszinierenden Bauwerke und Parks bei.

Der Beitrag für eine Jahresmitgliedschaft liegt bei etwa 28 Pfund (für Kinder 14 Pfund), für eine Mitgliedschaft auf Lebenszeit bei ca. 850 Pfund. Als Mitglied des National Trust zahlt man in allen Herrenhäusern, Museen und Gärten stark ermäßigte Eintrittspreise.

Adresse

National Trust
PO Box 39
Bromley, Kent BR 1 3XL
✆ 08 70-4 58 40 00
www.nationaltrust.org.uk

TIPS UND ADRESSEN ZU DEN ETAPPEN

Hinweis zu den Telefonnummern: Vom Ausland aus wählt man für Großbritannien die Landesvorwahl 0044 + die Vorwahl des Ortes ohne Null.

VON PLYMOUTH BIS POLPERRO

Tourist Information Centre

Looe: ☎ 0 15 03-26 20 72

Übernachten

Plymouth: *The Grand Hotel*
Elegantes viktorianisches Fünf-Sterne-Hotel direkt am *Hoe* mit Blick aufs Meer.
☎ 0 17 52-66 11 95

Portwrinkle: *Whitsand Bay Hotel*
Mit eigenem Strand, Schwimmbad und Golfplatz über den Klippen. ☎ 0 15 03-23 02 76

Widegates: *Coombe Farm*
Landhaus, umgeben von Wiesen und Wäldern. Golf, Angeln, Reiten, Tennis und Wandern möglich. ☎ 0 15 03-24 02 23

Looe: *Hannafore Point Hotel*
Komfortables Haus am Hang von West Looe mit Blick über die Bucht.
☎ 0 15 03-26 32 73

Looe: *Commonwood Manor Hotel*
Viktorianische Villa mitten im Grünen in East Looe. ☎ 0 15 03-26 29 29

Kulinarisches

Polperro: *Blue Peter*
Uriger Pub in alter Fischerkate am Ende des Kais. Gutes Essen in gemütlicher Atmosphäre.

Polperro: *The Kitchen*
The Coombes. Ausgezeichnete cornische Küche.
☎ 0 15 03-27 27 80

Erlebenswert

Torpoint: *Mount Edgcumbe House & Country Park*
Öffnungszeiten: Haus und Earl's Garden:
April bis September, So–Do 11.00–17.30 Uhr;
Park: ganzjährig täglich

Torpoint: *Anthony House & Gardens*
Sehenswertes Herrenhaus mit traumhafter Gartenanlage (über 300 Pflanzenarten). Im Besitz des National Trust.
Geöffnet April bis Oktober,
Di, Mi, Do, Juni bis August auch So.
☎ 0 17 52-81 21 91

Looe: *Old Guildhall Museum*
Geschichte der Fischerei und der Minen sowie Relikte des Hexenkults in dieser Gegend.
Geöffnet Mai bis September. ✆ 0 15 03-26 37 09

Looe *Valley Line*
Bahnfahrt durch die herrliche Landschaft am East Looe River entlang in Richtung Liskeard. Dauer ca. 30 Minuten. Das ganze Jahr hindurch täglich.

Polperro: *Land of Legend & Model Village*
Miniaturnachbildung des alten Polperro. Modelleisenbahn.
Geöffnet April bis Oktober. ✆ 0 15 03-27 23 78

Sport

Widegates: *Looe Golf Club.* ✆ 0 15 03-24 02 39

Looe: *Millendreath Marine*
Fallschirmgleiten mit Motorboot und andere Wassersportarten am Strand.

Looe: *Mountain Bike Hire*
Verleih von Fahrrädern aller Art. ✆ 0 15 03-26 38 71

Looe: *Wanderungen mit Führer*
Täglich 11.00 Uhr ab dem Touristeninformationscenter East Looe.

VON FOWEY BIS TRURO

Tourist Information Centre

Falmouth: ✆ 0 13 26-31 23 00; E-Mail: falmouthtic@yahoo.co.uk
Truro: ✆ 0 18 72-27 45 55; E-Mail: truro@touristinfo.demon.co.uk

Übernachten

Fowey: *Marina Hotel*
Kleines Gästehaus direkt am Fluß.
✆ 0 17 26-83 33 15

Bodinnick: *The Old Ferry Inn*
Direkt am Fluß Fowey gelegener Inn.
✆ 0 17 26-87 02 37; www.oldferryinn.co.uk

Truro: *Alverton Manor*
Ehemaliges Kloster. Nicht ganz billig, aber auf jeden Fall erlebenswert.
✆ 0 18 72-27 66 33; www.connexions.co.uk/alvertonmanor

Truro: *Conifers Guest House*
Viktorianisches Ambiente.
✆ 0 18 72-27 99 25

Kulinarisches

Truro: *Oliver's Restaurant*
Castle Street. ✆ 0 18 72-27 30 28

Tresillian: *Manor Cottage*
☎ 0 18 72-52 02 12

Tresillian: *The Wheelhouse*
4 km nach St. Austell auf der A 39. Romantischer Pub aus dem 14. Jh. Berühmte *New Years Eve Party.*

Falmouth: *Pennypots Restaurant*
Meanporth Beach. ☎ 0 13 26-25 02 51

Erlebenswert

Fowey: *Noahs Ark Folk Museum*
Museum und Gallery mit Werken beheimateter Künstler.

Bodinnick: *Fähre nach Fowey*
Einzige Möglichkeit in der Umgebung, den Fowey River mit dem Auto zu überqueren. Fußgänger- und Fahrradfähre bei Polruan.

Truro: *County Museum & Art Gallery*
Cornische Geschichte. Sehenswert: eine ägyptische Mumie.
Täglich außer So und feiertags 10.00 – 17.00 Uhr.

Probus bei Truro: *Trewithen House & Gardens*
Geöffnet März bis September Mo – Sa. Täglich Führungen.

Falmouth: *Custom House Quay*
Fußgängerfährboote nach St. Mawes.

Falmouth: *Cutty Sark Tall Ship's Races*
Jedes Jahr 16. – 19. Juli. Informationen in Truro unter ☎ 0 18 72-22 35 27

Falmouth und Truro: *Enterprise Boats*
Organisierte Bootsfahrten auf dem River Fal.
Weitere Station: Malpas. ☎ 0 13 26-37 42 41

Sport

Fowey: *Fowey Cruising School*
Segelschule. ☎ 0 17 26-83 21 29

Falmouth: *Falmouth Golf Club*
☎ 0 13 26-31 12 62

Truro: *Segler-Information*
☎ 0 18 72-7 81 31

VON LIZARD BIS ST. MICHAEL'S MOUNT

Tourist Information Centre
Helston: ☎ 0 13 26-56 54 31; E-Mail: info@helstontic.demon.co.uk

Übernachten
Mullion: *Mullion Cove Hotel*
Wunderschön gelegenes Hotel aus spätviktorianischer Zeit.
☎ 0 13 26-24 03 28

Mullion: *Ridgeback Lodge Hotel*
Kleines Hotel mit Restaurant. Besitzer weiß alles über den Lizard. ☎ 0 13 26-24 13 00

Helston: *Nansloe Manor*
Herrschaftliches Haus mit ausgezeichnetem Restaurant. ☎ 0 13 26-57 46 91

Porthleven: *Tye Rock Hotel*
Traumhafte Lage auf den Klippen mit Blick über die Küste von Lizard bis Land's End.
☎ 0 13 26-57 26 95

Perranuthnoe: *Ednovean Farm*
Bauernhaus mit stilvoller Einrichtung. ☎ 0 17 36-71 18 83

Marazion: *Mount Haven Hotel*
Zimmer mit Blick aufs Meer und St. Michael's Mount. Gutes Restaurant.
☎ 0 17 36-71 02 49

Kulinarisches
Helston: *Yard Bistro*
Trelowarren, Mawgan. Gemütliches Lokal in großem Garten.
☎ 0 13 26-22 15 95

Porthleven: *Critchards Restaurant*
The Harbour. Fischgerichte in schöner Atmosphäre.
☎ 0 13 26-56 24 07

Marazion: *The Sail Loft, St. Michael's Mount*
Frischer Fisch und selbstgebackene Biscuits, Cakes und Brot.
☎ 0 17 36-71 07 48

Marazion: *The Mount Haven. Turnpike Road*
Restaurant mit Blick auf St. Michael's Mount. Große Auswahl internationaler Weine.
☎ 0 17 36-71 02 49

Erlebenswert
Gweek: *National Seal Sanctuary*
Robbenreservat mit Unterwasserbeobachtungsstation und Freizeitpark.
Ganzjährig geöffnet. ☎ 0 13 26-22 13 61

Helford River
Subtropische Gärten und alte Dörfer entlang den Ufern.

Cadgwith: *The Devil's Frying Pan*
Imposantes Naturschauspiel bei starkem Wind, wenn sich die Wellen in dem schmalen Felsdurchlaß sammeln und nach oben spritzen.

Kynance Cove: Bilderbuchstrand inmitten der Kynance Cliffs, den ältesten Felsformationen Englands.

Goonhilly: *Goonhilly Satellite Earth Station.* Weltraumbodenstation und Visitor Center.
✆ 0800-67 95 93; www.goonhilly.bt.com

Helston: *Trevarno Estate & Gardens*
700 Jahre altes Anwesen und Garten.
Geöffnet das ganze Jahr, 10.30 – 17.00 Uhr. www.trevarnoestateandgardens.co.uk

Sport

St. Anthony: *Sailaway St. Anthony*
Verleih von Booten aller Art. Idealer Ausgangspunkt für Segeltouren auf dem Helford River. ✆ 0 13 26-23 13 57

Mullion: *Mullion Golf Club*
Der südlichste Golfplatz Cornwalls. ✆ 0 13 26-24 11 76

VON PENZANCE BIS MOUSEHOLE

Tourist Information Centre

Penzance: 0 17 36-36 22 07; E-Mail: pztic@penwith.gov.uk

Übernachten

Penzance: *The Abbey Hotel*
Stadthaus aus dem Jahr 1660. Für viele das schönste Hotel der Gegend.
✆ 0 17 36-36 69 06; www.theabbeyonline.com

Penzance: *Queens Hotel*
Haus im viktorianischen Stil. ✆ 0 17 36-36 23 71

Newlyn: *Smuggler's Hotel*
1711 errichtetes Fachwerkhaus direkt am Hafen. ✆ 0 17 36-33 15 01

Chyenhal: *Rose Farm*
Farmhaus aus dem 18. Jh. Antikes Mobiliar. ✆ 0 17 36-73 18 08

Mousehole: *Raginnis Farm*
Cottage aus dem 18. Jh. ✆ 0 17 36-73 13 33

Kulinarisches

Penzance: *The Turk's Head Inn*
Chapel Street. Ältester Pub am Ort.

Penzance: *Harris's Restaurant*
New Street. Einfache, schmackhafte Gerichte. ✆ 0 17 36-36 44 08

Mousehole: *The Lobster Pot*
Hummer und fangfrischer Fisch, direkt am Hafen. ✆ 0 17 36-73 12 51

Erlebenswert

Penzance: *Harry Safari*
Ausflüge zu den großen Sehenswürdigkeiten rund um Penzance.
✆ 0 17 36-71 14 27; www.harrysafari.co.uk

Penzance: *Cornwall Geological Museum*
Cornwalls Geologie, Mineralien, Kristalle, Fossilien und Evolution. ✆ 0 17 36-33 24 00

Penzance: *Maritim Museum*
Unter anderem Fundstücke von Schiffen, die an der cornischen Küste zerschellten.
Öffnungszeiten: März bis Oktober täglich 10.00–17.00 Uhr

Newlyn: *Newlyn Art Gallery*
Ausstellung bekannter cornischer Künstler.
Mo–Sa geöffnet von 10.00–17.00 Uhr.
✆ 0 17 36-36 37 15; www.newlynartgallery.co.uk

Sport

Penzance: *Blewett & Pender*
Verleih von Fahrrädern, Surfbrettern und Mopeds.
✆ 0 17 36-36 41 57

Penzance: Seglerinformationen unter ✆ 0 17 36-36 61 13

VON LAMORNA BIS ZENNOR

Tourist Information Centre

St. Just: in der Bibliothek. ✆ 0 17 36-78 85 86

Übernachten

Lamorna: *Lamorna Cove Hotel*
In ruhiger Lage. ✆ 0 17 36-73 14 11; www.lamornacove.com

Cot Valley: *Cot Manor*
Typisches cornisches Cottage, idyllisch im Tal gelegen. Bed & Breakfast, auch Self-Catering möglich. ✆ 0 17 36-78 77 64

St. Just: *Bosavern House*
Altes Herrenhaus aus dem 17. Jh. Freundliche Zimmer mit schöner Ausstattung.
✆ 0 17 36-78 83 01

Erlebenswert

Land's End: *Land's End Visitor Centre*
Am westlichsten Punkt Englands. Geöffnet von Ostern bis Oktober.
✆ 08 70-4 58 00 99; www.landsend-landmark.co.uk

St. Just: Rundflüge vom *Land's End Aerodrome* aus
✆ 0 17 36-78 87 71

Pendeen: *Geevor Tin Mine*
Führungen in die Stollen bis zu 1000 Meter von der Küste entfernt unter dem Meer. Geöffnet Ostern bis Oktober.

Porthcurno: *Minack Theatre*
Informationen unter ☎ 0 17 36-81 01 81; www.minack.com

Sport

Cape Cornwall: *Cape Cornwall Golf & Country Club*
Direkt an der Küste gelegen. ☎ 0 17 36-78 86 11; www.capecornwall.com

ST. IVES UND UMGEBUNG

Tourist Information Centre

St. Ives: ☎ 0 17 36-79 62 97

Übernachten

Gunnard's Head: *Cove Cottage*
Traumhaft gelegenes Cottage. Bed & Breakfast. ☎ 0 17 36-79 83 17
E-Mail:covecottage2000@yahoo.co.uk; www.cornwall-online.co.uk/cove-cottage

St. Ives: *Tregenna Castle Hotel*
☎ 0 17 36-79 52 54; www.tregenna-castle.co.uk

St. Ives: *Nancherrow Cottage*
Hübsches altes Haus mitten in der Stadt.
☎ 0 17 36-79 84 96; www.nancherrow-cottage.co.uk

St. Ives: *Carlyon Guest House*
Eines der besten kleinen B & B in Cornwall. ☎ 0 17 36-79 53 17

St. Ives: *The Garrack Hotel*
Gut ausgestattetes Haus mit Blick auf die Stadt. ☎ 0 17 36-79 89 55; www.garrack.com

St. Ives: *27 The Terrace*
Altes georgianisches Stadthaus mit großen Zimmern. ☎ 0 17 36-79 74 50

Kulinarisches

St. Ives: *Pig'n'Fish*
Norway Lane. Eines der besten Restaurants in der Gegend.

St. Ives: *The Sloop Inn*
The Harbour. Fischerpub am Hafen aus dem Jahr 1312.

Erlebenswert

St. Ives: *Barbara Hepworth Museum & Sculpture Garden*
Angeblich schönster Platz von St. Ives.
Öffnungszeiten: März bis Oktober:
tägl. 10.00–17.30 Uhr
November bis Februar:
Di–So 10.00–16.30 Uhr

St. Ives: *Tate Gallery St. Ives*
Moderne Werke von Künstlern, die sich von Cornwall inspirieren ließen.
Öffnungszeiten: März bis Oktober
täglich 10.00–17.30 Uhr
November bis Februar
Di–So 10.00–16.30 Uhr

Hayle: *Paradise Park*
Ca. 5 km von St. Ives entfernt. Freizeitpark mit seltenen Tieren und Pflanzen. Geöffnet täglich ab 10.00 Uhr. ☎ 0 17 36-75 10 20; www.paradisepark.org.uk

Camborne: *Tehidy Country Park*
Naturpark für die ganze Familie. Geöffnet Ostern bis Oktober. ☎ 0 12 09-71 44 94

Sport

St. Ives: *Dive St. Ives*
Tauchkurse und Expeditionen. ☎ 0 17 36-79 92 29

St. Ives: *Tregenna Golf Club.* ☎ 0 17 36-79 73 81

Hayle: Golfplatz und Golfrange für Anfänger, zu jeder Tageszeit. ☎ 0 17 36-75 36 55

VON PADSTOW INS BODMIN MOOR

Tourist Information Centre

Padstow: ☎ 0 18 41-53 34 49; E-Mail: padstowtic@visit.org.uk
Bodmin: ☎ 0 12 08-7 66 16; E-Mail: bodmintic@visit.org.uk

Übernachten

Padstow: *Treglos Hotel*
Komfortables Hotel direkt an der Constantine Bay.
☎ 0 18 41-52 07 27; www.treglos-hotel.co.uk

Padstow: *Old Custom House*
Romantisches altes Haus direkt am Hafen.
☎ 0 18 41-53 23 59; www.walterhickshotels.co.uk

Camelford: *The Darlington Hotel*
Typischer Inn aus dem 13. Jh. Günstige Zimmer und gutes Essen. ☎ 0 18 40-21 33 14

Bodmin: *St. Benets Abbey Hotel*
Landhaus aus dem 15. Jh. Zentrale Lage. ☎ 0 12 08-83 13 52

Bodmin: *Tregawne Hotel*
First Class Hotel in einsamer Lage. ☎ 0 12 08-83 15 52; www.tregawne.com

Wadebridge: *Molesworth Arms Hotel*
Traditioneller Inn aus dem 16. Jh.
☎ 0 12 08-81 20 55; www.molesworthარms.co.uk

Kulinarisches

Padstow: *The Seafood Restaurant von Rick & Jill Stein*
Riverside. Berühmtes Fischrestaurant direkt am Hafen. Unbedingt Plätze reservieren!
☎ 0 18 41-53 27 00; www.rickstein.com

Padstow: *The London Inn*
Lanadwell Street. Alter Fischerpub mit uriger Atmosphäre und gemütlichen Zimmern.
☎ 0 18 41-53 25 54

Nanstallon: *Camel Valley Vineyard*
Little Denby Farm (A 389). Cornische Spezialitäten. Rot- und Weißweine zum Kosten und Kaufen. ☎ 0 12 08-7 79 59; www.camelvalley.com

Erlebenswert

Camelford: *North Cornwall Museum & Gallery*
Historisches Museum. ☎ 0 18 40-21 29 54

Camelford: *Delabole Slate Quarry*
Der 140 m tiefe Schieferbruch ist das tiefste von Menschenhand gegrabene Loch Englands.

Bolventor: *Jamaica Inn*
Durch Daphne du Mauriers gleichnamigen Roman berühmt gewordener Inn.
☎ 0 15 66-8 62 50; www.jamaicainn.co.uk

Bodmin: *Bodmin Jail*
Gefängnis aus dem 18. Jh. Heute Museum mit Folterkammern und gruseligen Zellen.
☎ 0 12 08-7 62 92

Sport

Padstow: *Cornwall Parachute Centre*
St. Merryn Airfield, St. Ervan. Fallschirmspringen.
☎ 0 18 41-54 06 91

Padstow: *Trevose Golf & Country Club*
Constantine Bay. ☎ 0 18 41-52 02 08; www.trevose-gc.co.uk

Gunnislake: Kanufahrten und Expeditionen für die ganze Familie auf dem Tamar.

VON TAVISTOCK INS DARTMOOR

Tourist Information Centre

Tavistock: ☎ 0 18 22-61 29 38
Okehampton: ☎ 0 18 37-5 30 20

Übernachten

Two Bridges: *Two Bridges Hotel*
Geschmackvoll eingerichtetes Haus mitten im Moor.
☎ 0 18 22-89 05 81; www.twobridges.co.uk

Postbridge: *Lydgate House Hotel*
Traumhafte Lage. Idealer Ausgangspunkt für Wanderungen.
☎ 0 18 22-88 02 09; www.lydgatehouse.co.uk

Lydford: *The Castle Inn*
Alter Inn aus dem 16. Jh. mit romantischer Atmosphäre.
☎ 0 18 22-82 02 41/42; www.castleinnlydford.co.uk

Kulinarisches

Tavistock: *The Horn of Plenty*
Charmantes Haus mit sehr guter Küche und atemberaubender Aussicht.
☎ 0 18 22-83 25 28; www.thehornofplenty.co.uk

Lifton: *The Arundell Arms*
Hübsches Restaurant an der Grenze zu Cornwall.
☎ 0 15 66-78 46 66; www.arundellarms.com

Chagford: *Gidleigh Park*
International bekannt für seine Küche und Weinauswahl.
☎ 0 16 47-43 23 67; www.gidleigh.com

Erlebenswert

Tavistock: *Morwellham Quay*
Alter Hafen als Freizeitpark. Geöffnet das ganze Jahr täglich.
☎ 0 18 22-83 27 66; www.morwellham-quay.co.uk

Yelverton: *The Garden House*
Garten mit üppiger Vegetation mitten im Dartmoor.
Täglich geöffnet von März bis Oktober.
☎ 0 18 22-85-47 69; www.thegardenhouse.org.uk

Buckfastleigh: *South Devon Railway*
Dampfeisenbahn zwischen Buckfastleigh und Todnes.
Juni bis September täglich, Oktober bis Mai unregelmäßig.
☎ 0 13 64-64 23 38; www.southdevonrailway.org

Princetown: *Dartmoor Prison.* Gefängnismuseum. Wurde 1806 von Soldaten für Soldaten gebaut.

Launceston: *Launceston Castle*
Mittelalterliche Burg mit Blick auf die Stadt. Geöffnet Ende März bis Ende Oktober.
☎ 0 15 56-77-23 65

Sport

Launceston: *Launceston Golf Club*
☎ 0 15 66-77 34 42; www.launcestongolfclub.com

Wandern auf dem West Devon Way von Okehampton nach Tavistock oder auf dem East Devon Way.

FILMOGRAPHIE

Szene aus dem Film *Stürmische Begegnung* mit Sophie von Kessel und Michael Lesch

Stürmische Begegnung nach dem gleichnamigen Roman

Rebecca Bayliss ..... Sophie von Kessel
Joss Gardner ..... Michael Lesch
Eliot Bayliss ..... Horst-Günter Marx
Grenville Bayliss ..... Rolf Hoppe
Mollie Bayliss ..... Louise Martini
Pettifer ..... Karl Merkatz
und andere

Regie: Helmut Förnbacher · Kamera: Axel de Roche
Produktion: Frankfurter Filmproduktion · Erstsendung: 30. Oktober 1993

Wilder Thymian nach dem gleichnamigen Roman

Victoria Bradshaw ..... Muriel Baumeister
John Dunbeath ..... Helmut Zierl
Oliver Dobbs ..... Michael Roll
und andere

Regie: Gero Erhardt · Kamera: Mike Gast
Produktion: Frankfurter Filmproduktion · Erstsendung: 23. Oktober 1994

Szene aus dem Film *Das Ende eines Sommers* mit Iris Junik und Diego Wallraff

Karussell des Lebens nach dem gleichnamigen Roman

Phoebe ..... Christiane Hörbiger
Prue ..... Barbara Wussow
Daniel ..... Jacques Breuer
und andere

Regie: Rolf von Sydow · Kamera: Michael Faust
Produktion: Frankfurter Filmproduktion · Erstsendung: 13. November 1994

Wechselspiel der Liebe nach dem gleichnamigen Roman

Flora Waring/Rose Schuster ..... Stephanie Philipp
Isobel Armstrong ..... Ulrike Kriener
Dr. Hugh Kyle ..... Oliver Tobias
Anthony Armstrong ..... Pascal Breuer
und andere

Regie: Rolf von Sydow · Kamera: Michael Faust
Produktion: Frankfurter Filmproduktion · Erstsendung: 22. Januar 1995

Das Ende eines Sommers nach dem gleichnamigen Roman

Jane Marsh ..... Iris Junik
Sinclair Bailey ..... Diego Wallraff
David Stewart ..... Ralf Lindermann
Mrs. Bailey ..... Lola Müthel
und andere

Regie: Hans-Jürgen Tögel · Kamera: Michael Steinke
Produktion: Frankfurter Filmproduktion · Erstsendung: 5. Februar 1995

Sommer am Meer nach dem gleichnamigen Roman

Virginia ..... Kerstin Draeger
Eustace ..... Heikko Deutschmann
Lady Keile ..... Ruth Maria Kubitschek
Anthony Keile ..... Burkhard Heyl
und andere

Regie: Hans-Jürgen Tögel · Kamera: Otto Kirchhoff
Produktion: Frankfurter Filmproduktion · Erstsendung: 15. Oktober 1995

Schlafender Tiger nach dem gleichnamigen Roman

Selina Bruce ..... Inka Victoria Groetschel
George Dyer ..... Stephan Schwartz
Rodney Ackland ..... Hans-Jürgen Schatz
Frances Dongen ..... Andrea L'Arronge
und andere

Regie: Rolf von Sydow · Kamera: Michael Faust
Produktion: Frankfurter Filmproduktion · Erstsendung: 5. November 1995

Wolken am Horizont nach dem gleichnamigen Roman

Laura Haverstock ..... Marijam Agischewa
Alec Haverstock ..... Klaus Wildbolz
Ivan ..... Manou Lubowski
Sylvia ..... Lisa Kreuzer
Gerald ..... Klausjürgen Wussow
und andere

Regie: Rolf von Sydow · Kamera: Mike Gast
Produktion: Frankfurter Filmproduktion · Erstsendung: 10. Dezember 1995

Schneesturm im Frühling nach dem gleichnamigen Roman

Caroline Cilburn ..... Fiona Schwartz
Oliver Cairney ..... Patrick Winczewski
Angus ..... Mark Keller
Liz Frazer ..... Claudine Wilde
und andere

Regie: Rolf von Sydow · Kamera: Michael Faust
Produktion: Frankfurter Filmproduktion · Erstsendung: 4. Februar 1996

Szene aus dem Film *Sommer am Meer* mit Ruth-Maria Kubitschek und Kerstin Draeger

Lichterspiele nach dem gleichnamigen Roman

Emma Litton ..... Anja Kling
Robert Murrow ..... Rainer Grenkowitz
Christopher Ferris ..... Alexander Wussow
Jane Marshall ..... Olivia Pascal
und andere

Regie: Thomas Nikel · Kamera: Mike Gast
Produktion: Frankfurter Filmproduktion · Erstsendung: 3. März 1996

September (2 Teile) nach dem gleichnamigen Roman

Pandora ..... Jacqueline Bisset
Virginia ..... Mariel Hemingway
Archie ..... Edward Fox
Edmond ..... Michael York
und andere

Regie: Colin Bucksley · Kamera: Peter Sinclair
Produktion: Tele-München · Erstsendung: 7./8. April 1996

Das Haus an der Küste nach der Erzählung „Tee mit dem Professor"
aus dem Erzählband Das blaue Zimmer

Veronica Breen ..... Maria Furtwängler
Marcus Rydale ..... Gerhart Lippert
Frank Kirby ..... Hans Schenker
Debra Morrisoe ..... Ute Willing
und andere

Regie: Dieter Kehler · Kamera: Wilfried Kleist
Produktion: Frankfurter Filmproduktion · Erstsendung: 3. November 1996

Eine besondere Liebe nach der Erzählung „Miss Cameron"
aus dem Erzählband Das blaue Zimmer

Isobel Cameron ..... Gaby Dohm
Tom Cameron ..... Ferdinand Dux
Henry Payson ..... Christian Wolff
Patrick McLeish ..... Friedrich von Thun
und andere

Regie: Peter Deutsch · Kamera: Michael Faust
Produktion: Frankfurter Filmproduktion · Erstsendung: 25. Dezember 1996

Wind der Hoffnung nach der Erzählung „Toby"
aus dem Erzählband Das blaue Zimmer

Vicky Harding ..... Lara Joy Körner
Toby Harding ..... Roman Demuth
Tom Sawcombe ..... Frank Jordan
Philip ..... Patrik Fichte
und andere

Regie: Rolf von Sydow · Kamera: Victor Ruzicka
Produktion: Frankfurter Filmproduktion · Erstsendung: 16. Februar 1997

Irrwege des Herzens nach der Erzählung „Brombeertag"
aus dem Erzählband Blumen im Regen

Claudia Burns ..... Ann-Kathrin Kramer
Magnus Ballater ..... Andreas Herder
Ballater sen. ..... Hans Teuscher
Giles Savour ..... Götz Otto
Sophie ..... Elisabeth Wiedemann
und andere

Regie: Karola Zeisberg · Kamera: Frank Claus
Produktion: Ufa-Film- und Fernsehproduktion, Berlin · Erstsendung: 9. März 1997

Stunden der Entscheidung nach der Erzählung „Christabel"
aus dem Erzählband Blumen im Regen

Christabel Lowyer ..... Valerie Niehaus
Sam Crichtan ..... Timothy Peach
Nigel Davenport ..... Benjamin Sadler
Felicity Lowyer ..... Gila von Weitershausen
und andere

Regie: Karola Zeisberg • Kamera: Frank Claus
Produktion: Ufa-Film- und Fernsehproduktion, Berlin • Erstsendung: 30. März 1997

Die zweite Chance nach der Erzählung „Der Ringelblumengarten"
aus dem Erzählband Blumen im Regen

Julia Hawthorne ..... Sandra Speichert
Miles Brendan ..... Andreas Brucker
Liz Hawthorne ..... Rita Russek
Garry ..... Thomas Fritsch
und andere

Regie: Dieter Kehler • Kamera: Winfried Kleist
Produktion: Ufa-Film- und Fernsehproduktion, Berlin • Erstsendung: 12. Oktober 1997

Zwei Schwestern nach der Erzählung „Spanish Ladies"
aus dem Erzählband Das blaue Zimmer

Laurie Dillan ..... Eva Habermann
William Byron ..... Andreas Elsholz
Jane Dillan ..... Chrissy Schulz
Dr. Dillan ..... Gerhard Olschewski
und andere

Regie: Rolf von Sydow • Kamera: Michael Faust
Produktion: Frankfurter Filmproduktion • Erstsendung: 16. November 1997

Der Preis der Liebe nach der Erzählung „Ein unvergeßlicher Abend"
aus dem Erzählband Das blaue Zimmer

Allison Farland ..... Anja Schüte
Christopher Farland ..... Rüdiger Joswig
Henry Farland ..... Christian Leonard
Daisy Morgan ..... Karin Dor
Jack Morgan ..... Eckhart Dux
und andere

Regie: Rolf von Sydow • Kamera: Michael Faust
Produktion: Frankfurter Filmproduktion • Erstsendung: 15. Februar 1998

Register

Artus, König 79, 118, 120
Bessy's Cove 54
Bodinnick 30, 141f.
Bodmin **120**, 147f.
Bodmin Moor 120
Bolventor 120, 148
Boscastle 119
Boscawen Point 73
Boscubben 97
Boswens 90
Botallack 86
Breage 52
Brent Tor (Tavistock) 129
Brixton 132
Brontë-Schwestern 18, 60
Bryher (Isles of Scilly) 66
Buckfastleigh 126, 130f., 149
Caerthillian Cove 49
Camborne 147
Camelford 147f.
Cape Cornwall 69, **89f.**, 145
Carbis Bay 111
Carn Gloose 90
Carter, Harry 31ff., 54
Castle Dore (Fowey) 33
Cawsand 21
Chagford 149
Charles, Prinz 42, 65
Chichester, Sir Francis 16
Christie, Agatha 9, 130
Chyenhal 144
Cilcobben Cove 49
Colliford Lake (Bolventor) 120
Collins, Wilkie 80
Cook, James 16
Cornwall Coastal Path 21, 26, 48
Cot Valley 145
Cremyll 21
Dartmoor 126, **129-132**
Das Ende eines Sommers (Film) 116f., 129, 131, 151
Devon (Grafschaft) 126-135
Doyle, Arthur Conan 129
Dozmary Pool (Bolventor) 120
Drake, Sir Francis 16
du Maurier, Daphne 9, 21, 30ff., 33, 41, 79, 80, 86, 89, 100, 120
East Cliff Path 78
Edward III. 42
Eine besondere Liebe (Film) 19f., 22, 116, 126f., 153
Elisabeth I. 114
Exeter 131f.
Falmouth **37ff.**, 141f.
Forbes, Stanhope 68
Fowey **30-33**, 141f.
Frenchman's Creek 41
Godolphin House (Breage) 52ff.
Godrevy Point 111
Goonhilly 143
Gurnard's Head **93f.**, 146
Gweek 48, 143
Gwennap Head 77
Halwyn 39
Hayle 146f.
Heimkehr (Film) 11, 56f., 63, 72, 78f., 117f., 155
Heinrich VIII. 37
Helston 48, **51f.**, 86, 142f.
Hepworth, Barbara 103
Isles of Scilly 61, 65f., 79
James, Henry 80
Karussell des Lebens (Film) 24, 27, 33, 46f., 150
Kennack Sands 49
Kingsand 21
Kitley House (Yealmpton) 132ff.
Kokoschka, Oskar 27
Kuggar 49
Kynance Cove 143
Lamorna 11, 69, **72-74**, 145
Lamorna Cove 72
Lamorna Point 73
Land's End 21, 46, 60, 65, 69, 77, **79-83**, 89, 145
Lanhydrock 147
Lanhydrock House (Bodmin) 123
Lanyon Quoit 86
Lanyon, Peter 103
Launceston 120, 126, 149
Lawrence, D.H. 94f.
Lelant 60, **109ff.**
Lifton 149

Lichterspiele (Film) 49f., 63, 68, 76, 106f., 153
Lizard **46-52**, 79, 135
Lizard Point 46, 64
Lizard Village 142
Looe **22-26**, 140f.
Lydford 149
Marazion 54, **55ff.**, 143
Men-an-Tol 86
Menabilly (Fowey) 31
Merry Maidens 74
Mevagissey 36
Minack Theatre (Porthcurno) 75f.
Morvah 86
Morwenstow 21
Mount's Bay 33, 60
Mount Edgcumbe 16
Mount Edgcumbe House 18ff.
Moretonhampstead 149
Mousehole **69**, 144
Mullion 11, 49, 143f.
Mullion Cove 49ff.
Mullion Island 50
Mylor Bridge 39
Nancherrow 89
Nanjizal 11, 82f.
Nanstallon 148
Newlyn 64, **68**, 144f.
Newquay 65, 114
Nicholson, Ben 103
Padstow **114**, 147f.
Pencarrow House & Gardens (Wadebridge) 122f.
Pendeen 88, **90ff.**, 145
Pendeen Carn 92
Pendennis Castle (Falmouth) 37
Pentewan 34
Penzance 57, **60-64**, 68, 69, 100, 111, 137, 144f.
Perranuthnoe 54, 143
Pilgrim Fathers 16
Plymouth 16, 114, 134f., 140
Poldhu Cove 49
Polperro 22, 26, 27, 140f.
Porth Chapel Beach 75
Porth Curno Beach 75
Porthcurno **75f.**, 145
Portheras Cove 92
Porthgwarra **77f.**
Porthleven 51, **52**, 143
Portwrinkle 22, 140
Postbridge 148
Prideaux Place (Padstow) 114-118, 119
Priestley, John Boynton 72
Princetown 129, 149
Prussia Cove 54
Raleigh, Sir Walter 114
Rame Head 22
Reynolds, Joshua 18
River Cove 97
Saltash 16
Scott, Helen 103
Scott, Robert 16
Sennen **81f.**
Sennen Cove 81f.
Shaw, G.B. 36
Sickert, Walter 103
Sithney 144
Sommer am Meer (Film) 52f., 63, 89f., 92ff., 151
St. Agnes (Isles of Scilly) 66
St. Anthony 144
St. Austell 30, **33f.**
St. Clement's Isle 69
St. Erth **111**
St. George 24f.
St. Ives 60, 61, 68, 86, **100-109**, 111, 137, 146f.
St. Just 86, 88, 89, 90, 145
St. Loy's Cove 74
St. Martin's (Isles of Scilly) 66
St. Mary's (Isles of Scilly) 65f.
St. Mawes Castle (Falmouth) 37f.
St. Michael's Mount **55f.**
Stithians 40
Stürmische Begegnung (Film) 10, 13, 63, 68f., 79f., 150
Talland 26
Talland Bay 26
Talland House (St. Ives) 109
Tavistock 22, **126-129**, 148f.
Tencreek 26
Tennyson, Alfred 118
The Lost Gardens of Heligan (Pentewan) 34ff.

Thomas, Dylan 68
Tinner's Way (St. Just) 86, 89
Tintagel **118f.**
Tintagel Castle 118f.
Torpoint 16, 140
Trebah Garden (Falmouth) 40f.
Tregenna Castle (St. Ives) 106-109
Trelissick Garden (Falmouth) 39f.
Trengwainton Garden & House (Penzance) 63
Trereife 63
Tresco (Isles of Scilly) 66
Tresillian 141
Trewithen Garden (St. Austell) 34
Truro **42f.**, 86, 100, 141f.
Turner, William 103
Two Bridges 148
Velde, William van der 18
Wadebridge 147
Wallace, Edgar 130
West Cliff Path 78
West Penwith (Distrikt) 79, 80, 86, 89
Whistler, James 103
Whitesand Bay 81
Whitsand Bay **22**
Widegates 140
Wind der Hoffnung (Film) 50, 132ff., 154
Wolken am Horizont (Film) 37, 40, 42, 54f., 56, 63, 106, 111, 152
Woolf, Virginia 109
Yealmpton 132
Yelverton 149
Zennor 86, **94-97**
Zennor Quoit 86

Bildnachweis:
S. 20, 48, 151, 152, 154, 157: ZDF/Frankfurter Filmproduktion;
S. 73: Tony Stone;
S. 124/125: Petra Janousek/Frankfurt a.M.;
alle übrigen Fotos: Cornelis Gollhardt/Köln, Stephan Wieland/Düsseldorf

N
W
O
S
1. Mount Edgcumbe House
2. Godolphin House
3. Cove Cottage
4. Tregenna Castle
5. Prideaux Place
6. Pencarrow House
7. Lanhydrock House
8. Kitley House
Pentire Point
Padstow Bay
Trevose Head
Constantine Bay
Padstow
Park Head
Bedruthan Steps
Mawgan Bay
Watergate Bay
Newquay
Holywell Bay
Penhale Point
Ligger or Perran Bay
Perranporth
St. Agnes Head
St. Agnes
THE BEACON
Porthtowan
Portreath
Hell's Mouth
Illogan
Grampound
Truro
St.Ives Bay
Gwithian
Reduth
Carbis Bay
St. Ives
Gurnard's Head
Pendeen Watch
Hayle
Camborne
Portloe
Veryan
Nare H
Penryn
Carrick Roads
Portscatho
St. Mawes
Zone Point
St. Just
Penzance
Marazion
Breage
Helston
Lamanva
Falmouth
Falmouth Bay
Whitesand Bay
Cudden Point
Longships
Land's End
Mousehole
Helford
Nare Point
Gwennap Head
Manacle Point
St. Keverne
To the Isles of Scilly
Poldhu Point
Mullion Cove
Mullion
Black Head
Kynance Cove
Lizard
Lizard Point